U0348917

机工IT

AIGC +元宇宙/Web 3.0 100问

洞悉数字经济时代的底层技术

彭绍亮　吴洪　编著

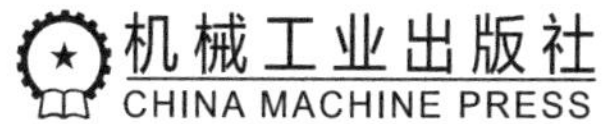

本书是一本技术科普读物。全书共分四篇：基本概念篇、AIGC 篇、元宇宙篇、Web 3.0 篇。本书通过解读 100 个问题，系统介绍了 AIGC、元宇宙、Web 3.0 的概念、技术内涵、应用领域、发展前景，及其之间的关系。本书揭示出：元宇宙是“上层建筑”，Web 3.0 是基础设施，AIGC 对元宇宙来说是重要的技术推动力，是元宇宙的技术基石之一。本书能够帮助读者快速认识这些将会对我们的学习、工作、生活产生重大影响的新生事物，了解数字经济时代具有代表性的底层技术及其应用。

本书适合对数字经济和信息技术领域的前沿科技感兴趣的读者阅读。

图书在版编目（CIP）数据

AIGC+元宇宙/Web 3.0 100 问：洞悉数字经济时代的底层技术 / 彭绍亮，吴洪编著 .—北京：机械工业出版社，2023.11（2024.12 重印）
ISBN 978-7-111-74225-8

Ⅰ.①A… Ⅱ.①彭… ②吴… Ⅲ.①信息经济 Ⅳ.①F49

中国国家版本馆 CIP 数据核字（2023）第 215717 号

机械工业出版社（北京市百万庄大街 22 号 邮政编码 100037）
策划编辑：王　斌　　　　责任编辑：王　斌　解　芳
责任校对：张雨霏　刘雅娜　　责任印制：邓　博
北京盛通数码印刷有限公司印刷
2024 年 12 月第 1 版第 3 次印刷
145mm×210mm · 6.75 印张 · 1 插页 · 148 千字
标准书号：ISBN 978-7-111-74225-8
定价：69.00 元

电话服务　　　　　　　网络服务
客服电话：010-88361066　机　工　官　网：www.cmpbook.com
　　　　　010-88379833　机　工　官　博：weibo.com/cmp1952
　　　　　010-68326294　金　　书　　网：www.golden-book.com
封底无防伪标均为盗版　机工教育服务网：www.cmpedu.com

前言

PREFACE

2021 年，“元宇宙”三个字成为年度最热词汇之一，互联网领域最受追捧的热点非“元宇宙”莫属。那么到底什么是元宇宙？简单地说，元宇宙是融合多种技术的组合形态，并不是某一种技术，也可以说是下一代互联网的形态，让人们从访问现在的二维互联网升级到访问三维互联网。不久的将来，人们上网将不再使用键盘和鼠标，盯着二维平面的显示屏，而是通过 VR（虚拟现实）、AR（增强现实）、体感头盔、体感手套等交互设备直接进入三维立体的数字虚拟空间。

2021 年下半年，人们对元宇宙的认知呈现出两极分化的现象，一些人极度推崇，认为未来就是元宇宙的时代，一些人则认为 NFT（Non-Fungible Token，非同质化通证）、元宇宙是变相地炒作概念。但是从 2022 年开始，认为元宇宙是在炒作的声音越来越小，几乎销声匿迹，元宇宙的发展也进入新的阶段，Web 3.0 的概念成为热点。

2022—2023 年，基于大模型技术的以 ChatGPT、文心一言等为代表的 AIGC（人工智能生成内容）技术大热，每周都有十几场关于大模型话题的研讨会举行；众多科研机构、券商、咨询公司出具了上百份的大模型研究报告；市场上的大量资本也在投向这一领域。各行各业的人都在探讨研究如何将现有业务融合大模型，应用 AIGC 技术降本增效。

本书的目的就是通过解读 100 个问题，带领大家了解 AIGC、元宇宙、Web 3.0 这些技术热点，使大家明白 AIGC、元宇宙、Web 3.0 如何与现有的互联网产业或传统产业相结合。

全书总共分四篇。

基本概念篇：介绍了 AIGC、元宇宙和 Web 3.0 的概念，让读者对这些名词建立基本的认知，了解它们有哪些特征和属性以及它们的相互关系。

AIGC 篇：详细介绍了 AIGC 的技术基础，并说明这些技术之间的关系，以及目前国际、国内主流的大模型及应用。

元宇宙篇：详细介绍了元宇宙的基本技术支撑和架构，重点介绍了元宇宙的应用场景、政策机遇和未来发展等。

Web 3.0 篇：介绍了 Web 3.0 的技术组成部分、存在的问题和面临的挑战、未来国际国内的发展，以及对人类社会的方方面面将产生怎样的影响。

最后总结一下，元宇宙是“上层建筑”，Web 3.0 是基础设施，Web 3.0 发展的尽头是元宇宙，Web 3.0 是技术发展方向的未来，而元宇宙是架构在技术之上的展现形式，或者说是用户的体验过程。元宇宙和 Web 3.0 是相辅相成、一体两面的依存关系。AIGC 对元宇宙来说是重要的技术推动力，可以帮助元宇宙的内容生成、应用落地和价值释放，有助于推动元宇宙向更理性、更实用、更成熟的方向发展。

致　谢

国家超级计算长沙中心(湖南大学)提供了计算、大数据平台及研发的支持(http://nscc.hnu.edu.cn),感谢国家重点研发计划2023YFC3503400,2022YFC3400400;国家自然科学基金NSFC-FDIGrants 62361166662;湖南省重点研发计划2023GK2004,2023SK2059,2023SK2060;湖南省十大技术攻关项目2023GK1010;广东省重点研发计划2023B1111030004 to FFH;化学生物传感与计量学国家重点实验室基金和鹏城实验室等项目和领导、专家的支持。

由于编者水平有限,且目前AIGC、元宇宙、Web 3.0等技术还处于高速发展时期,本书难免有疏漏和不足之处,敬请广大读者批评指正。

编　者

2023年10月

目 录

CONTENTS

前言

基本概念篇

第 1 问：什么是元宇宙？ / 2
第 2 问：什么是 Web 3.0？ / 4
第 3 问：什么是人工智能技术？ / 7
第 4 问：什么是 AIGC？ / 8
第 5 问：AIGC、Web 3.0、元宇宙和人工智能是什么关系？ / 10
第 6 问：元宇宙和 Web 3.0 二者之间是什么关系？ / 12
第 7 问：什么是区块链？ / 13
第 8 问：元宇宙、Web 3.0 和区块链是什么关系？ / 15
第 9 问：什么是价值互联网？ / 17
第 10 问：什么是 NFT？ / 19
第 11 问：元宇宙、Web 3.0 与 NFT 是什么关系？ / 21
第 12 问：什么是物联网技术？ / 23
第 13 问：元宇宙和物联网是什么关系？ / 25
第 14 问：什么是 AR、VR、MR、XR 技术？ / 26

第 15 问：元宇宙和 AR/VR/MR/XR 是什么关系？ / 28

AIGC 篇

第 16 问：AIGC 的技术基础有哪些？ / 32
第 17 问：AIGC 经历了哪些发展阶段？ / 34
第 18 问：什么是机器学习？ / 36
第 19 问：什么是深度学习？ / 38
第 20 问：什么是 GAN？ / 41
第 21 问：什么是自然语言处理？ / 43
第 22 问：什么是 Transformer？ / 45
第 23 问：什么是 BERT？ / 47
第 24 问：什么是多模态？ / 49
第 25 问：什么是大模型？ / 51
第 26 问：什么是强化学习？ / 52
第 27 问：大数据对 AIGC 有多重要？ / 54
第 28 问：计算资源对 AIGC 有多重要？ / 56
第 29 问：在 AIGC 的发展中云计算和边缘计算可以做什么？ / 58
第 30 问：量子计算机是 AIGC 的未来吗？ / 61
第 31 问：Diffusion 和 AIGC 是什么关系？ / 63
第 32 问：什么是 ChatGPT？ / 65
第 33 问：OpenAI 和 ChatGPT 是什么关系？ / 68
第 34 问：ChatGPT 可以用来做什么？ / 69
第 35 问：如何使用 ChatGPT？ / 71
第 36 问：ChatGPT 的局限性是什么？ / 73

第 37 问：Midjourney 可以用来做什么？ / 75
第 38 问：Stable Diffusion 可以用来做什么？ / 78
第 39 问：Notion AI 可以用来做什么？ / 79
第 40 问：Codex 可以用来做什么？ / 81
第 41 问：MedGPT 可以用来做什么？ / 83
第 42 问：百度的文心一言有什么特点？ / 84
第 43 问：AIGC 有哪些音乐平台？ / 86
第 44 问：科大讯飞的“1+ N 认知智能”大模型有什么特点？ / 88
第 45 问：华为的盘古模型有什么特点？ / 89
第 46 问：商汤日日新 SenseNova 大模型有什么特点？ / 90
第 47 问：生成式大模型算得上是“智慧”吗？ / 92
第 48 问：AIGC 在医疗行业中有什么应用？ / 93
第 49 问：AIGC 在直播行业中有什么应用？ / 95
第 50 问：AIGC 在设计行业中有什么应用？ / 97
第 51 问：AIGC 在办公场景中有什么应用？ / 98
第 52 问：AIGC 如何影响内容创作行业？ / 99
第 53 问：学生如何通过 AIGC 提高学习效率？ / 101
第 54 问：如何通过 AIGC “赚钱”？ / 102
第 55 问：国内外有哪些公司在布局 AIGC？ / 105
第 56 问：爆火的 AIGC 是不是泡沫？ / 107
第 57 问：AIGC 的未来发展趋势如何？ / 108
第 58 问：AIGC 自身面临哪些问题？ / 110
第 59 问：是否已经存在 AIGC 规范准则？ / 112
第 60 问：AIGC 的发展会抢了工作机会吗？ / 117

第 61 问：AIGC 带来了哪些新的职业机会？ / 118
第 62 问：应该如何把握 AIGC 的机遇？ / 122

元宇宙篇

第 63 问：建设元宇宙需要哪些技术支撑？ / 126
第 64 问：元宇宙的技术架构是什么样的？ / 129
第 65 问：什么是人机交互技术？ / 131
第 66 问：什么是脑机接口技术？ / 132
第 67 问：什么是智能合约？ / 133
第 68 问：什么是去中心化数字钱包？ / 135
第 69 问：什么是虚拟货币？ / 137
第 70 问：什么是虚拟世界？ / 138
第 71 问：什么是虚拟人？ / 140
第 72 问：什么是数字孪生？ / 141
第 73 问：什么是虚实共生？ / 143
第 74 问：什么是元宇宙的三大定律？ / 144
第 75 问：元宇宙中有哪些资产类别？ / 145
第 76 问：元宇宙经历了哪几个发展阶段？ / 149
第 77 问：元宇宙涉及哪些产业链？ / 151
第 78 问：元宇宙是中心化的吗？ / 153
第 79 问：元宇宙有哪些应用场景？ / 155
第 80 问：目前各地对元宇宙有哪些扶持政策？ / 159
第 81 问：元宇宙时代有哪些职业机会和就业方向？ / 163
第 82 问：元宇宙可能存在哪些风险？ / 166
第 83 问：元宇宙内如何进行道德、规则约束？ / 169

第 84 问：元宇宙已经成为泡沫了吗？ / 170
第 85 问：元宇宙是否会形成下一个人类文明？ / 172
第 86 问：元宇宙的最终形态是什么样的？ / 174

Web 3.0 篇

第 87 问：什么是 Web 1.0？ / 178
第 88 问：什么是 Web 2.0？ / 179
第 89 问：Web 3.0 的基础是什么？ / 181
第 90 问：什么是 API？API 在 Web 3.0 中有什么重要作用？ / 182
第 91 问：什么是 DeFi？ / 184
第 92 问：什么是 DAO？ / 185
第 93 问：DAO 存在哪些问题及会带来哪些挑战？ / 187
第 94 问：什么是 DAE？ / 189
第 95 问：什么是 Web 3.0 浏览器？ / 191
第 96 问：什么是 Web 3.0 社交？ / 193
第 97 问：什么是 Web 3.0 创作？ / 196
第 98 问：元宇宙和 Web 3.0 中有哪些投资机遇？ / 198
第 99 问：Web 3.0 是绝对安全的吗？ / 201
第 100 问：国内外有哪些公司在发展 Web 3.0？ / 203

基本概念篇

第 1 问：什么是元宇宙？

“元宇宙”（Metaverse）这个词诞生于科幻小说中，而在科技领域，这个词则用来描述一个全新的数字生态系统，其中包括虚拟现实、增强现实、3D 游戏、社交媒体、网络空间以及其他各种各样的数字体验。Meta 代表超越，Verse 代表宇宙，Metaverse 也可以理解为超越宇宙。超越宇宙就很好理解，即它超过了现实宇宙。元宇宙是虚拟宇宙和现实宇宙的结合，它可以由多个虚拟宇宙和现实宇宙组成。元宇宙的概念还在不断发展之中。

元宇宙一词最早在 1990 年的科幻小说《雪崩》里被提出来。在 1990 年，我国“两弹一星”元勋钱学森也提出过类似的概念“灵境”。2003 年的《第二人生》（*Second Life*）是最早的元宇宙实践之一。在这个平台上，用户可以通过虚拟化身与其他用户互动，甚至可以购买虚拟土地、创造和销售虚拟商品。2018 年上映的电影《头号玩家》可以说是较为完整地表现出了元宇宙。2021 年 3 月，元宇宙概念第一股 Roblox 在纽交所上市。2021 年 10 月，Facebook 公司更名为 Meta，将元宇宙推向了高潮。2021 年起，许多个元宇宙平台开始上线，如百度的希壤、Meta 公司的 Horizon Worlds，以及 NFT Worlds 和 The Sandbox 等平台。

在元宇宙中，人们可以通过虚拟化身进行互动，参与各种活动，如游戏、购物、社交、工作等。元宇宙中的体验可能会包括各种不同的媒体和接口，如虚拟现实（VR）、增强现实（AR）、视频游戏、3D 模拟、社交媒体等。

元宇宙是由多个世界构成的，图 1 表示了元宇宙世界。

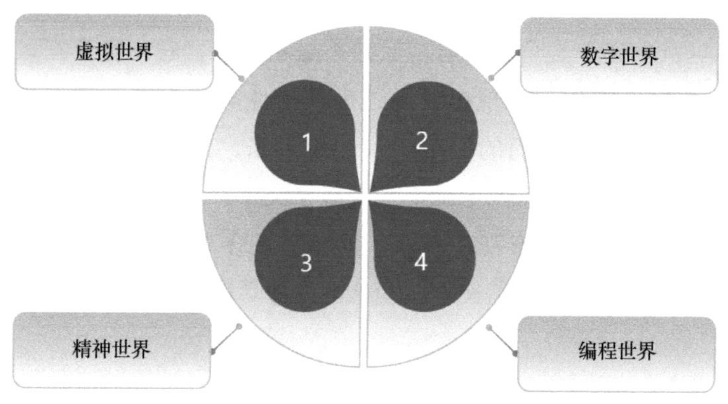

图 1　元宇宙世界

- 虚拟世界：元宇宙是现在的互联网形态上的升级，从二维界面访问升级到三维虚拟空间访问，具有更强的真实感和沉浸感。是人类为了更好地满足自我需求而不断创造出来的、新的虚拟空间。
- 数字世界：元宇宙是通过人工智能（AI）、大数据等各种数字技术组建的数字世界，离不开数字的本质和属性。元宇宙需要大量的电力能源去维持，需要大量的算力去支持，需要大量的程序员去建模、设计等。
- 精神世界：元宇宙呈现着人类的精神世界。可以满足人类精神上的众多需求，人们的愿望能够在元宇宙里轻松实现，并且可以体验到难得的体验感、获得感。

- 编程世界：元宇宙是一个可编程的世界。在元宇宙里，自我创作变得非常简单，可以为每个人提供良好的创作工具和环境，通过 DIY（自己动手制作）的方式进行自我编程，来构建和改造元宇宙世界。

“元宇宙”是个新概念，但并不是新事物，它一直存在，并与人类相伴相生，它现在只不过是换了件与钢铁侠一样的高端“外套”来到了人们的面前。人一生下来，大脑就会做梦、思考，人们把思考的东西记录下来就成了文本，随着技术的发展，人们把图书变成了影视、游戏，逐步与更多的感知器官产生互动，最终产生一个具有良好体验感的虚拟环境，这就是元宇宙。

第 2 问：什么是 Web 3.0?

Web 3.0，也被称为语义网（Semantic Web）或者智能网（Intelligent Web），是对互联网下一代演进的一个预期描述。Web 3.0 由 Web 1.0 到 Web 2.0 不断演化而来。

1. Web 1.0（1980—2000 年）

互联网的第一波浪潮始于 20 世纪 80 年代，标志性的事件就是两台计算机通过协议来“沟通”。这个协议是 1983 年被阿帕网正式采用的 TCP/IP。这个时期的互联网还做不到太多的“互联”，更多的是信息的只读，人们将信息发布在网络上。

这一时期的网络有如下痛点。

- 接入技术门槛高。
- 没有信息的索引功能。
- 不能和用户产生交互，记录不了用户数据。

2. Web 2.0（2001 年至今）

随着 2000 年互联网泡沫的破裂，互联网第二波浪潮开始萌芽。许多公司针对 Web 1.0 的痛点着手改善，添加了搜索功能、允许用户上传内容等功能。此时出现的 Web 2.0 产品更具交互性，用户可以创建、上传和共享他们的内容。

这方面的例子包括谷歌和微软在 SMTP（简单邮件传输协议）上构建 Gmail 和 Outlook。虽然 SMTP 本身是公开和透明的，但是 Gmail 和 Outlook 是被这两家技术巨头所拥有的封闭平台。所以 Web 2.0 用户实际上交互的软件是这些技术巨头基于 Web 1.0 开源软件构建的产品。Facebook（现已改名为 Meta）是很典型的 Web 2.0 技术巨头，通过用户在其平台上读写、互动和社交等行为沉淀下大量的数据和流量来创造财富。

3. Web 3.0（诞生于 2014 年）

Web 3.0（国内暂译为互联网 3.0）最早由以太坊的联合创始人 Gavin Wood 在 2014 年提出，在 2021 年底再度受到大家的关注。Web 3.0 包括了以下特点：透明、公开的开源网络、用户可读写和上传内容能实现价值交换。

从概念理解上，Web 3.0 代表互联网的下一个时代，互联网形态向着更民主的范式转变。Web 3.0 也源于人们对当今互联网价值的态度的转变：Web 2.0 的巨头控制着互联网和所有人的数据，因此很多人出现了想创造一个真正“集体所有”互联网的想法。

Web 3.0 的核心是让用户不仅可以读写内容，还可以拥有自己的内容，这样他们就不会被中心化的科技公司任意修改规则而左右。Web 3.0 还原了 Web 1.0 的开放性，所有市场参与者的规则都是标准化的，这样大型科技公司就不会扼杀创新。

现在已有一些 Web 3.0 的雏形应用。例如，FaceDAO 就是一个 Web 3.0 式的去中心化平台。在该平台里，每个人都可以加入或者创建去中心化的社区，并与其他加入者进行互动。它是建立在区块链上的下一代社交媒体平台，为用户提供一个可信赖的开放环境。

Mirror 是最具有代表性的 Web 3.0 平台，每个人都可以在这个平台上自由地发表自己的观点，成为内容创作者。在 Mirror 中，创作者可以把自己的内容生成为 NFT，每个人可以购买 NFT 并具有该 NFT 的拥有权。通过该方式创作者可以实现创收。

Lenstube 相当于 Web 3.0 时代的 YouTube，它让用户可以使用 Lens 协议创建个人资料，并利用 Lens 协议上创建的社交图谱与其关注者分享和欣赏视频。现在 Web 3.0 应用如雨后春笋般涌出，如 BitClout、Babylon 和 Showtime 等。还有一些 Web 3.0 应用的部署工具，如 Infura、ENS 和 Thirdweb 等。这些应用距离真正理想的 Web 3.0 还有发展的空间，未来会有更多的应用产生。

具体来说，在 Web 1.0 和 Web 2.0 时代用户虽然可以免费使用服务，且在早期引流时还会得到优惠券和消费红包类的福利，但用户数据会被互联网平台占有，用户作为生态的重要参与者和贡献者无法从中获益。到了 Web 3.0 时代，用户将享有真正的数据自主权。个人信息将成为用户自主掌控的数据资产。用户可以在数据流转和交易中真正获益，使自己的数据不再是互联网平台的免费资源。

第 3 问：什么是人工智能技术？

人工智能（Artificial Intelligence，AI），是研究、开发用于模拟、延伸和扩展人的智能的理论、方法、技术及应用系统的一门新兴学科。

人工智能是计算机科学的一个分支，它试图了解智能的实质，并生产出一种新的能以人类智能相似的方式做出反应的智能机器，该领域的研究包括机器人、语言识别、图像识别、自然语言处理和专家系统等。人工智能从诞生以来，理论和技术日益成熟，应用领域也不断扩大，可以设想，未来人工智能带来的科技产品，将会是人类智慧的“容器”。人工智能可以对人的意识、思维的信息过程进行模拟。人工智能不是人的智能，但能像人那样思考，也可能超过人的智能。

人工智能的定义可以分为两部分，即“人工”和“智能”。“人工”比较好理解，争议性也不大。有时人们会要考虑什么是人力所能及制造的，或者人自身的智能程度有没有高到可以创造人工智能的地步等。但总的来说，“人工”就是通常意义下的人工系统。

关于什么是“智能”，这涉及点就比较多了，如意识（Consciousness）、自我（Self）、思维（Mind）[包括无意识的思维（Unconscious Mind）]等问题。人唯一了解的智能是人本身的智能，这是普遍认同的观点。但是人们对自身智能的理解都非常有限，对构成人的智能的必要元素的了解也有限，所以就很难定义什么是“人工”制造的“智能”了。因此人工智能的研究往往涉及对人的智能本身的研究。其他关于动物或其他人造系统的智能也普遍被认为是人工智能相关的研究课题。

人工智能在计算机领域内，得到了最广泛的重视。并在机器人、控制系统、仿真系统中得到应用，比如机器视觉、指纹识别、人脸识别、视网膜识别、虹膜识别、掌纹识别、专家系统、自动规划、智能搜索、定理证明、博弈、自动程序设计、智能控制、机器人学、语言和图像理解等。

第 4 问：什么是 AIGC?

人工智能生成内容（Artificial Intelligence Generated Content，AIGC）是一种利用人工智能技术生成内容的方式。内容生成方式由专家生成内容（Professionally-Generated Content，PGC）发展到用户生成内容（User-Generated Content，UGC）再发展为 AIGC。

PGC 是由专业人员进行内容创作的，由专业人员创作可以保证生成的内容质量，但是需要消耗大量的时间和资金，并且这种方式的产出有限。新闻网站、技术课程等都是 PGC。

UGC 由普通用户生成，不再局限于专业人员。UGC 解决了 PGC 生产效率低的问题，但是带来了内容良莠不齐的新问题。

AIGC 则继承了 PGC 和 UGC 的优势，打造出了全新的内容生成方式。人工智能算法和使用大量数据建立的大模型是 AIGC 的核心技术基础。AIGC 通过给大模型输入生成要求就可以生成所需要的文本、音频或者图像。

AIGC 具有以下优点。

- 高效率：AIGC 可以在很短的时间内生成所需要的内容，如生成一张图片只需要秒级甚至更快。
- 创意发展和多元化：AIGC 能够为创作者开拓全新的创新空间。通过对海量数据的学习和分析，AIGC 有能力生成与传统创作路径不同的、创新的内容，从而拓宽创作的多元性。
- 大规模定制和个性化：AIGC 技术可以依据用户的要求和喜好产生个性化的内容。利用用户数据和行为模式的分析，AIGC 能够提供定制化的体验，满足用户的独特需求。
- 扩展能力和灵活性：AIGC 技术可以适用于各种媒体形式，包括文本、图片、音频和视频等。它能够适应不同的领域和应用环境的需求，展示出高度的扩展能力和灵活性。

在 2022 年 11 月，OpenAI 公司发布了 ChatGPT 3.5。在 2023 年 3 月发布了 ChatGPT 4。ChatGPT 的出现引起了 AIGC

的热潮。ChatGPT 是现在文本类生成工具的领头羊。目前，ChatGPT 的功能非常完善，可以实现多种语言的翻译，可以写代码，可以用于资料查询，可以用于语言润色等。

AIGC 在图像领域的最优秀的应用是 Midjourney。它可以根据输入的提示词生成想要的图片，提示词决定了生成图片的内容与风格。

Runway 公司发布了 Gen-1 和 Gen-2 视频 AIGC。最新版的 Gen-2 在 Gen-1 的基础上进行了优化，可以仅通过提示词就生成视频，不再像 Gen-1 那样需要一张图片。

第 5 问：AIGC、Web 3.0、元宇宙和人工智能是什么关系？

正如其名称所示，AIGC 与 AI 紧密相连。AIGC 是一种利用人工智能技术自动生成各种形式内容的应用，包括文字、图像、音乐和视频。它不仅是 AI 技术的具体应用，还是内容创作领域的一次革命。例如，AIGC 能够通过深度学习和自然语言处理技术，自动生成新闻文章、博客帖子和社交媒体内容。此外，生成对抗网络（GAN）等技术使 AIGC 能够创建逼真的图像和视频，甚至可以生成新的艺术作品。

Web 3.0，也称为语义网或智能网，代表着互联网的进化。它强调更智能、更个性化和更去中心化的网络应用。人工智能在

Web 3.0 中起着至关重要的作用，因为它使网络应用能够理解和处理复杂的数据。例如，通过自然语言处理和机器学习，Web 3.0 能够提供更加精准和个性化的搜索结果。此外，区块链和智能合约技术使 Web 3.0 能够创建去中心化的应用，这些应用能够自动执行交易并保护用户数据。

元宇宙是一个虚拟的、持续在线的 3D 空间，用户可以通过虚拟化身进行互动、社交、工作和娱乐。人工智能是元宇宙的基石，因为它使虚拟世界能够模拟现实世界的复杂性。例如，AIGC 可以用于生成元宇宙中的虚拟环境、物品和角色。AI 的模拟和行为建模技术使虚拟角色能够以现实的方式行动和互动。此外，AI 的数据分析能力可以用于优化元宇宙的性能和用户体验。

将这几个概念结合起来，可以看到一个交织的关系网。

- AIGC 在元宇宙和 Web 3.0 中都有应用：在元宇宙中，AIGC 用于创建虚拟世界的内容；在 Web 3.0 中，AIGC 可以用于生成个性化的网页内容和交互式应用。
- Web 3.0 为元宇宙提供基础：Web 3.0 的去中心化和智能特性为元宇宙提供了技术基础。元宇宙可以通过 Web 3.0 的技术进行访问和交互。
- AI 是连接纽带：AI 是 AIGC、Web 3.0 和元宇宙的核心技术。在元宇宙中，AI 用于模拟虚拟环境和角色行为；在 Web 3.0 中，AI 用于数据分析、语义理解和个性化推荐；而 AIGC 则是 AI 在内容生成方面的应用。
- 创新和协作：元宇宙为人们提供了一个新的合作和创新平台。通过 AI 和 AIGC，用户可以在元宇宙中创建和分享内容，同时利用 Web 3.0 的去中心化特性进行协作。

- 教育和培训：AI 和 AIGC 的结合为元宇宙提供了教育和培训的可能性。教育机构和企业可以在元宇宙中创建虚拟课堂和培训环境，利用 AI 进行个性化教学和评估。
- 经济活动：AI 和 AIGC 可以推动元宇宙和 Web 3.0 中的经济活动。通过智能合约和虚拟货币，用户可以交易虚拟物品和服务。
- 社交和娱乐：AI 增强了元宇宙中的社交和娱乐体验。用户可以通过虚拟角色进行互动，参与虚拟活动，而 AIGC 则可以生成吸引人的内容。
- 安全和隐私：AI 在 Web 3.0 和元宇宙中起着保护安全和隐私的作用。通过 AI 算法，可以检测和防止网络攻击，保护用户数据。

总的来说，人工智能、AIGC、Web 3.0 和元宇宙是相互关联的概念，它们共同塑造了一个更加智能、互动和个性化的数字世界。

第 6 问：元宇宙和 Web 3.0 二者之间是什么关系？

元宇宙和 Web 3.0 均代表互联网的未来，Web 3.0 是技术发展方向的未来，元宇宙是应用场景和生活方式的未来，二者之间是相辅相成、一体两面的依存关系。Web 3.0 技术方向包含了区块链、人工智能、大数据等技术创新和DAO（即去中心化自治组织）的网络组织模式创新。而在元宇宙中，AR/VR解决了元宇宙前端的技术需要，Web 3.0在后端提供强有力的技术支撑。

元宇宙和Web 3.0的关系："元宇宙是上层建筑，Web 3.0是基础设施"。现在的Web 3.0可以简单地理解为四个模块构建：①底层技术基于区块链；②金融系统基于DeFi；③数字商品是NFT；④组织范式是DAO。这四个模块让Web 3.0为元宇宙的形成提供了一整套的基础设施，解决了很多从数字化开始就很难解决的问题。元宇宙赋予了Web 3.0向上生长的动力，而Web 3.0则为元宇宙提供了持续发展的根基。

元宇宙和Web 3.0都代表未来。Web 3.0是技术发展方向的未来，是人们对信息和内容的所有权的升级，强调数字物权的归属和转移；元宇宙是应用场景和生活方式的未来，强调人们和信息交互方式的升级，沉浸式体验，依赖AR、VR等交互硬件设备的支持。

第7问：什么是区块链？

区块链（Blockchain）来源于比特币。区块链=区块+链，这个名字是从数据存储结构方面来说的，对不懂数据结构的人来说，会被这3个字弄懵了，区块链本身是个去中心化的数据库，利用"块链式数据结构"来验证与存储数据。块链式数据结构是什么意思？ 珍珠项链大家都见过，把项链扣打开，把项链拉直，项链上的每一颗珍珠可以看作一个区块，区块里存放的是数据，连接线就是程序里所谓的指针，很多珍珠首尾相连就形成了所谓的区块链。图 2 表示了区块链的结构。

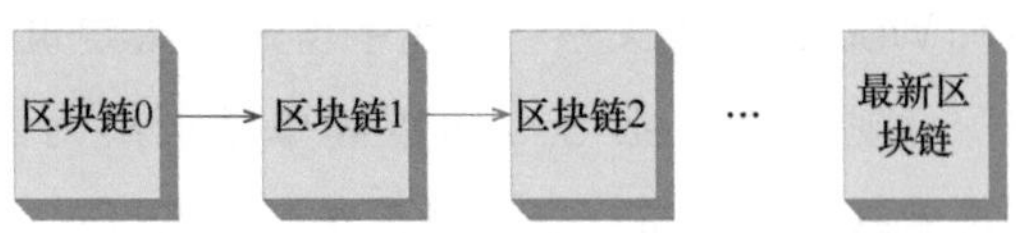

区块链（Blockchain）=区块（Block）+链（Chain）

图 2　区块链的结构

本质上讲，区块链是一种分布式、去中心化的网络数据库系统，这个系统会让数据的存储、更新、维护、操作变得不同。与传统数据处理相比，区块链数据库通过一种共识同步分发机制，同时分布式存储在多台服务器上，存储服务器的多少和分布的分散程度决定了这个区块链网络的安全性和稳定性。分布式架构如图 3 所示。

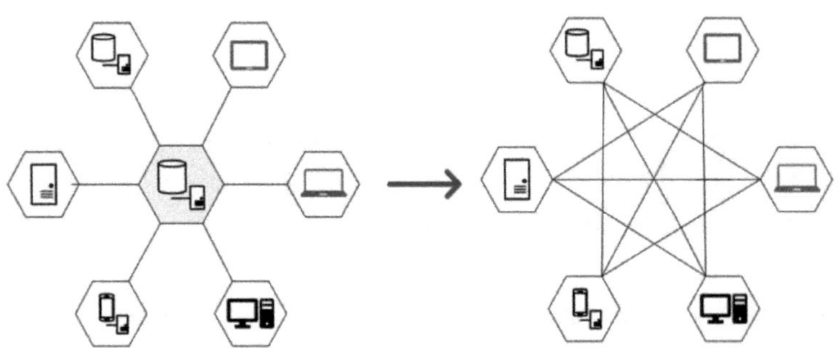

图 3　分布式架构

可以把区块链看作一个账本，用来记录数据。在传统世界里，记账权在于记账先生，账本属于记账先生一个人；而在区块链系统里面，相当于每一个人都拥有这个账本，大家一起来记账，想要更新账目就要投票，半数人以上赞成才可以去更新账目数据。

区块链由于分布式的特征，衍生出了好多属性，比如去中心化、数据不可篡改、可溯源、公开透明等。图 4 表示了区块链的特点。

图 4　区块链的特点

第 8 问：元宇宙、Web 3.0 和区块链是什么关系?

元宇宙、Web 3.0 和区块链的概念在技术界引起了热烈的讨论。这三者的共同目标是实现去中心化，即不再依赖于特定的中心化实体，而是以用户为中心，尊重并保护用户的数据和隐私。

区块链技术可以用于创建、购买、销售和跟踪虚拟商品和资产，在元宇宙中扮演着重要的角色。通过区块链，元宇宙的交易可以变得更加透明、安全和有效。此外，去中心化的元宇宙是区块链技术的一个重要应用，它不再依赖于中心实体，而是由用户共同管理和维护。

区块链是实现 Web 3.0 目标的关键技术，它可以支持创建去中心化的应用和服务，使用户能够控制自己的数据，同时也可以帮助改变互联网的权力结构，使其更加公平和平等。

在元宇宙和 Web 3.0 中，区块链作为底层技术主要涉及以下几个方面。

- 去中心化财产所有权和交易。
- 创建和管理去中心化的元宇宙。
- 提供去中心化的应用和服务。
- 保护用户数据和隐私。
- 改变互联网的权力结构。

元宇宙和 Web 3.0 有许多共同的目标和理念，因此在未来，它们可能会相互协作，共同推动互联网的发展。例如，元宇宙可能会成为 Web 3.0 的一部分，提供一个更加沉浸和交互的互联网体验。通过 AI、VR/AR、区块链等技术，元宇宙可以实现 Web 3.0 的诸多目标，如智能化、个性化以及用户数据的保护。

Web 3.0 也可以推动元宇宙的发展，提供需要的技术支持和基础设施。例如，通过区块链和智能合约，Web 3.0 可以为元宇宙提供安全、透明的交易机制，使用户可以自由地购买、销售虚拟商品和资产。此外，Web 3.0 也可以通过去中心化的服务和应用，为元宇宙提供更加公平、开放的环境，使所有人都可以参与到元宇宙的建设和管理中来。

总的来说，元宇宙、Web 3.0 和区块链是下一代互联网的三个重要概念，它们有许多共同的目标和理念，未来可能会相互协作，共同推动互联网的发展，实现一个去中心化、以用户为中心的数字化未来。

第 9 问：什么是价值互联网？

首先来看下百度百科对价值互联网的定义：价值互联网是数字经济系统中人与人价值互相连接的网络。价值互联网是以人为本的价值共生共享生命网络，以人机协同为形态的智能系统网络，以数字产权为载体的价值流通网络。这段定义有些复杂，下面具体来解释下什么是价值互联网。

互联网的出现让整个世界互联互通，大大降低了全球范围内的信息传递成本，使信息能够以极低的成本在全世界自由传播，使得信息交换不再是一件难事，因此传统的互联网是以记录信息、传输信息为主的，又被称为信息互联网。信息互联网虽然解决了信息的低成本、高效率传输的问题，但还没有解决信息的信用问题。首先，造假的成本很低，有价值的信息难以被保护，信息的真假也难以被核实。真假鉴定和网上交易必须依靠线下的权威机构或是线上可信赖的第三方机构，在实现信息传播的便捷性的同时，也造成网络上信息真假难辨。其次，无法确定资产的所有权，因此资产交易必须借助第三方机构来实现价值的转移。这就导致了信息互联网无法确保网上交易安全，也难保证数据的真实性、完整性和高效率，需要依托第三方机构才能解决信息中的信用问题。这种基于信用而存在的第三方中介机构（如银行）的运营成本已经高到让人无法忽视，因此，急需一种技术，在不能保证彼此信任的情况下，还能进行价值交换，最终实现真正的去中心化和去第三方机构，而区块链正是这样一种技术。区块链的出现实现了信用与价值的低成本转移，进一步降低了人们彼此交易的互信成本，一种非中心化的价值网络——价值互联网应运而生。因此，区块链技术也被视作价值互联网的基石，也可以认为，区块链技术的出现推动了价值互联网的兴起。所谓“价值互联网”就是通过互联网实现价值（如商品、服务、货币等）在买卖双方之间点对点的转移，从而省去了中间环节，提升了效率，降低了价值交换成本，任何类型的资产都可以数字化，并以安全和方便的方式进行转移，像传递信息一样快捷、高效、低成本地进行价值传递。

在价值互联网中，价值交换可以随时随地发生，就像现在随手分享传播信息一样简单，可以允许交换任何对某人有价值的资产，包括股票、选票、通证积分、证券、知识产权、音乐、NFT等。而在信息互联网中，出售、购买或交换这些资产需要通过银行、市场（实体或数字）、信用卡公司或第三方中介机构进行。区块链技术允许资产从一方直接转移到另一方，不需要中间人。传输是有效的、永久的，并且立即完成。区块链促成了新一代网络模式（价值互联网），该模式由建立在开放标准上的传输价值的数字网络组成。可以认为从信息互联网到价值互联网，是从信息传递到价值传递的转变。

第 10 问：什么是 NFT？

NFT 是 Non-Fungible Token 的缩写，意思是非同质化通证，是指基于区块链技术的唯一数字资产，又称为数字藏品。本质上，NFT 就是一种对真实性的证明，因其永久性和不变性的价值主张，具有不可分割、独一无二、不可替代、不可复制的特点。也可以说是不可互换的代币，它是相对于可互换的代币而言的。那什么是可互换的代币？ 比如 BTC、ETH 这些代币都是同质代币，所以相互之间是可互换的，也就是说，你的一枚 ETH 和我的一枚 ETH 本质上都是一样的，具有相同的属性、价格，看不出任何的区别。而不可互换的代币或者非同质代币，它们都是独一无二的，每一枚都不一样，就像是艺术品每件都不一样。它们之间无法相互替换，可以验证在数字世界中独一无二的物品的归属。所以称之为不可互换代币或非同质化代币。

NFT 有以下几个特征。

- 标准化：NFT 具有一些标准化功能，包括所有权、转让等。所有非同质化代币都有这些功能。任何开发人员都可以利用该功能来构建自己的 NFT。
- 通用性：NFT 是通用的，也就是说，任何想要使用 NFT

的应用都可以使用它。因为区块链是公开可访问的，而且每个人都可以阅读部署 NFT 的智能合约。

- 流动性：与加密资产相关的流动性市场非常庞大。人们可以根据自己的需求轻松地将它们换成现金或其他加密货币。因此，NFT 具有很高的流动性。
- 不变性：区块链因不变性而闻名。NFT 是通过智能合约实现的。这使得 NFT 不可变，即用户无法将其 NFT 更改为其他 NFT。NFT 的所有权将永久记录于区块链中，除非用户决定将其转让给其他用户。
- 可编程：NFT 是通过智能合约实现的。NFT 代币可被增强并包含其他复杂功能。

NFT 的应用场景有很多，可以应用到生活的方方面面。比如游戏、艺术品、域名、收藏品、虚拟资产、现实资产、证书、身份等。其中，目前发展最为迅速的是游戏、艺术品以及域名等。

- 收藏品。NFT 通过加密猫在收藏品领域首次亮相。在加密猫游戏流行之后，NFT 成为 Axie Infinity 等许多其他收藏品领域的热门选择。
- 游戏。玩家花时间来获得的游戏奖励无法在游戏外使用。然而基于区块链的 NFT 就解决了这一问题，因为其他游戏可以集成这些奖励。
- 证书。NFT 可用于识别颁发给个人的唯一证书。通常，基于 NFT 的证书是不可转让的。这些证书存储在区块链中，因此无法篡改。

第 11 问：元宇宙、Web 3.0 与 NFT 是什么关系？

NFT 是指基于区块链技术的唯一数字资产，本质上，NFT 就是一种对真实性的证明，因其永久性和不变性的价值主张，具有不可分割、独一无二、不可替代、不可复制的特点。这种拥有“靠谱”技术手段的属性能把现实世界中的万事万物无误地映射到虚拟世界。

可以把元宇宙和 NFT 的关系归结于以下几点。

1. NFT 是元宇宙与现实的搭建桥梁和载体

元宇宙是一个可以映射现实世界又独立于现实世界的虚拟空间。在这个虚拟世界中，现实世界的所有事物都被数字化，NFT 的出现实现了元宇宙虚拟物品的资产化，它能实现虚拟物品的交易，使 NFT 成为数据内容的资产性实体，从而实现数据内容的价值流转。通俗化理解就是：元宇宙是沉浸式的虚拟世界，元宇宙是由 NFT 组成的，在元宇宙中进行社交、交易等活动时的对象物品是 NFT。

2. NFT 是元宇宙的数字资产确权保障

在元宇宙中，人们拥有数字身份，可以在不受物理世界限制的世界中自由地生活。元宇宙若只存在于 Web 2.0 环境中，很多大型机构就可以控制用户数据并以此盈利，就会侵犯到用户的自由和权利。数字版权得到有效保护后，原创作品的重要性得到重视，有助于解决互联网上复制粘贴等造成的侵权。数字物品的所有权能维持元宇宙世界中万物的有序，因此能推动元宇宙世界的稳定持续发展。基于区块链的 NFT 资产在数字世界里变得唯一、独特、稀缺且可交易。NFT 推动了现有数字内容、社交关系资产化和创作者经济系统的实现。

3. 元宇宙为 NFT 提供丰富的应用场景

NFT 可以运用到艺术品、音乐、视频、游戏等众多领域，目前主要应用在游戏领域。对于 NFT 来说，元宇宙会拓宽并丰富 NFT 应用场景，可以解决其缺乏流动性和实际应用的问题。元宇宙的沉浸式体验让 NFT 的使用更贴近真实生活，提升了它的使用价值。

NFT 是一种区块链技术，使用 NFT 技术，可以把数字资产变成一种独特的、不可复制的数字物品，这是 Web 3.0 基础上的新一代数字资产。

NFT 与 Web 3.0 的相互关系主要体现在以下几个方面。

- NFT 是 Web 3.0 的基础之一。因为 NFT 是基于区块链技术实现的，所以它在 Web 3.0 中扮演了重要角色。它提供了新一代的数字资产形式，开启了新的经济模式。
- NFT 创造了数字拥有权的概念。NFT 本身就是数字形式的拥有权证明，这种概念在 Web 3.0 中得到了更广泛的应用。
- NFT 引领了数字商品化的潮流。由于 NFT 本身就是独特的、不可复制的数字物品，它为数字商品化提供了更简单、更有效的手段。

总的来说，NFT 与 Web 3.0 之间有着紧密的关系。NFT 的出现推动了 Web 3.0 的发展，而 Web 3.0 的出现则为 NFT 的应用提供了更广泛的场景。

第 12 问：什么是物联网技术？

物联网（Internet of Things，IoT）即“万物相连的互联网”，是在互联网基础上延伸和扩展的网络，是将各种信息传感设备与网络结合起来而形成的一个把生活中各个物体连接上网的巨大网络，实现任何时间、任何地点，人、机、物的互联互通。

物联网和互联网的区别在于：物联网的连接主体是物，是人与物的相连、物与物的相连，而互联网是基于一组通用协议从而达成网络与网络之间的连接，可共享信息、共同交流，具有实时性强、无空间约束等优点，简单来说，物联网是基于互联网且在互联网的基础上进行延伸和扩展的实体网络。

物联网技术涵盖感知层、网络层、平台层和应用层四个部分。

1）感知层的主要功能就是采集物理世界的数据，其是人类世界跟物理世界进行交流的关键桥梁。比如在智能喝水领域会采用一种流量传感器，只要用户喝水，流量传感器就会立即采集到本次的喝水量是多少，再比如小区的门禁卡，先将用户信息录入中央处理系统，然后用户每次进门的时候直接刷卡即可。

2）网络层的主要功能就是传输信息，将感知层获得的数据传送至指定目的地。物联网中的“网”字其实包含了两个部分：接入网络、互联网。以前的互联网只是打通了人与人之间的信息交互，但是没有打通人与物或物与物之间的交互，因为物本身不具有联网能力。后来发展出将物连接入网的技术，称其为设备接入网，通过这一网络可以将物与互联网打通，实现人与物和物与物之间的信息交互，大大增加了信息之间的互通，更有利于通过大数据、云计算、AI 等先进技术的应用来增加物理和人类世界的丰富度。包括小米、百度、华为、微软、苹果、三星等一众大型公司每年均投入了大量成本在研发物联网领域的相关技术。

3）平台层可为设备提供安全可靠的连接通信能力，向下连接海量设备，支撑数据上报至云端，向上提供云端 API，服务端通过调用云端 API 将指令下发至设备端，实现远程控制。物联网平台主要包含设备接入、设备管理、安全管理、消息通信、监控运维以及数据应用等部分。

4）应用层是物联网的最终目的，其主要是对设备端收集来的数据进行处理，从而给不同的行业提供智能服务。目前，物联网涉及的行业众多，比如电力、物流、环保、农业、工业、城市管理、家居生活等，但本质上采用的物联网服务类型主要包括物流监控、污染监控、智能交通、智能家居、手机钱包、高速公路不停车收费、远程抄表、智能检索等。

第 13 问：元宇宙和物联网是什么关系？

不管是穿戴设备，还是智能化汽车，以及现在家庭端的智能家居，这些将来都会是元宇宙的一个传感器端入口。同时元宇宙要实现虚实共生，元宇宙里的人、物、场也会通过物联网技术映射到现实世界中，从而与现实世界产生互动。元宇宙和物联网的关系如图 5 所示。

最典型的，比如说像数字孪生，人们穿戴上虚拟现实头盔和体感套服，就可以在元宇宙里举行演唱会、跳舞。但这个过程需要用到大量的传感器。

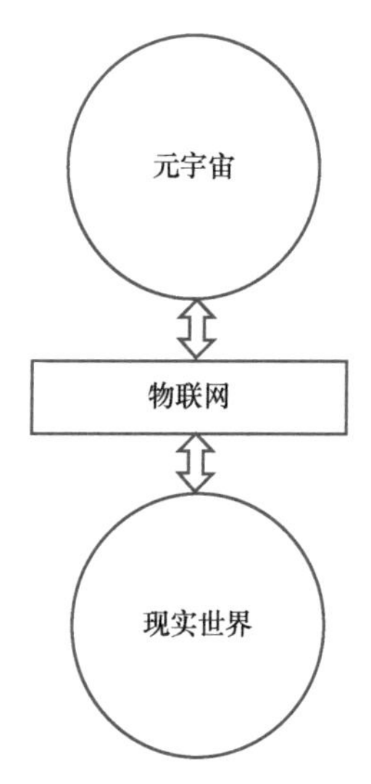

图 5　元宇宙和物联网的关系

以前的传感器可能就是计算机配套的键盘和鼠标，未来可能它会涉及 VR 眼镜、体感手套、体感服装，甚至五感的各方面的连接设备，这些都是物联网的终端形态。

物联网是元宇宙中最不为人知却也是最成熟的技术，因为人们用到的手机、计算机、VR 眼镜乃至未来的 AR 设备都属于物联网设备，元宇宙本身是应用场景的体现，多设备互连是时代需求，也是元宇宙的根本技术保障，现有的华为生态、小米生态、苹果生态就是物联网的先头部队，物联网技术其实已经发展好多年了，但是一直没有形成统一的共识和标准，每个公司都有自己的一套标准，都想在行业内形成自己的垄断地位，整个物联网系统的互联互通还有很长的一段路要走，毕竟不可能让所有人都用同一品牌的设备，尤其元宇宙中的应用场景来自多种设备，且设备之中又牵扯到国家隐私安全的问题，未来的万物互联道阻且长。但是元宇宙的到来会加速物联网行业和技术的共识标准的到来，会以一种倒逼的机制对物联网行业进行洗盘。

第 14 问：什么是 AR、VR、MR、XR 技术？

随着元宇宙概念的兴起，虚拟现实（Virtual Reality，VR）技术迎来了新一轮的爆发。近几年 VR 已经成为新一代的智能设备，深受大众喜爱。除了 VR 之外，与它相似的概念还有 AR、MR、XR，它们看似只有一个字母的偏差，实际上在设备和技术上却天差地别。下面逐个介绍。

1. 虚拟现实（Virtual Reality，VR）

VR 是一种通过计算机技术实时捕捉摄像机的位置和角度，并结合图像、视频、3D 模型，来创建一个可以与用户互动的虚拟环境。这种技术的最终目的是在屏幕上把虚拟世界套在现实世界并进行互动。这种技术是在 1990 所提出的。VR 也可以叫作人工环境，就是说人们戴上 VR 眼镜所看到的景象全部是靠这些设备产生的，是虚拟的，假的。它通过 VR 相机采集、景象制作设备、计算机软件、VR 眼镜等成像设备联合提供视觉、听觉、触觉等感官的模拟，让人们进入这个“虚拟”的世界中，如同身临其境一样。最典型的例子是 VR 游戏或 VR 直播，比如一场 VR 演唱会直播，人们可以压根不在现场，但通过 VR，便能“虚拟”到演唱会现场。

2. 增强现实（Augmented Reality，AR）

AR 这个概念是 20 世纪 90 年代出现的，它是指借助计算机及传感器技术创造的一种新的人机交互方式。人们戴上 AR 眼镜后，看到的全是真实的场景，它把这些智能计算机设备所产生的“增强”的虚拟数字层套在真实世界之上，让人们看到比以往肉眼看到的世界更“增强”。典型的例子是，看面前的一个商场，肉眼直接看它就是一个建筑，但是戴上 AR 眼镜后，便能透过砖瓦看到商场中目前的人流、打折信息，还有上次去买东西缺货的那件商品已经上架了。注意，前提是用户本人就在商场前面，这是真实的商场，而不是虚拟的商场。

3. 混合现实（Mixed Reality，MR）

混合现实其实就是 AR 和 VR 的结合，取二者所长弃二者所短。举个例子，用户正站在这个商场前面，戴上 MR 设备，可以看到所有打折信息，同时也可以看到这个商场从规划图到修建完毕的整个过程，就如同参与了修建一样。

4. 扩展现实（Extended Reality，XR）

XR 是指通过计算机技术和可穿戴设备产生的一个虚拟和现实组合、可人机交互的环境。XR 是 VR、AR、MR 的总称，包含了它们所有的特点，这是因为随着这三种技术的发展，各自的技术特征都可能发生衍生和交集。为了更准确地表达，在未来 XR 很有可能会取代 VR、AR、MR，成为大家讨论的焦点概念。

第 15 问：元宇宙和 AR/VR/MR/XR 是什么关系？

元宇宙是一个由多个虚拟现实空间组成的交互性网络，这些虚拟现实空间通常由三维虚拟世界构成，并且可能包括增强现实和物理世界的元素。元宇宙的目标是创建一个无缝连接的虚拟空间，用户可以在其中交流、工作、学习和娱乐。

元宇宙这一虚拟空间需要 VR 提供高沉浸感，让使用者能够感受到虚拟世界的真实，实现在虚拟世界里畅游。此外，VR 在元宇宙中的应用还有助于消除地域限制，让来自世界各地的人们能够在同一虚拟空间中相遇、交流和协作。这使得元宇宙不仅是一个娱乐的空间，也成为工作、学习、社交的新领域。

元宇宙又包含了现实世界，AR 技术可以将虚拟元素带入到真实世界中，增强了用户的现实体验。例如，元宇宙的用户可以使用 AR 技术在真实的家中布置虚拟家具，可以邀请虚拟的角色在现实世界中一起散步，或者在街头与朋友进行 AR 游戏。这些都是利用 AR 技术将虚拟元素带入现实世界的例子，为用户创造出一种独特的、混合了真实和虚拟的体验。

但是元宇宙又是虚拟世界与现实世界的结合。AR 技术已经不能满足虚拟与现实的互动，所以需要 MR。在元宇宙中，用户之间必不可少地会发生一些互动。MR 不仅能将虚拟元素混合到现实世界中，还能让这些元素与现实世界互动并相应地变化，从而实现虚拟与现实的无缝连接。用户可以邀请虚拟的朋友到他们的真实世界中，或者将他们的虚拟宠物带到现实世界的公园。他们可以看到这些虚拟角色如何与现实世界的对象互动，这增加了一种强烈的现实感和沉浸感。总的来说，MR 技术在元宇宙中的应用可以使虚拟对象与现实世界交互，从而为用户提供更为沉浸式和现实感的体验。

XR 是 VR、AR 和 MR 技术的统称，它描述了所有的虚拟和现实世界的交叉。在元宇宙中，XR 技术将成为一种新的交互模式，它将虚拟世界和现实世界紧密结合在一起，为用户提供了无数的可能性和选择。无论是沉浸在全虚拟的环境中，还是在现实世界中与虚拟元素进行互动，XR 技术都能满足用户的需求，创造出一个真正的元宇宙。当 XR 技术真正成熟时，人们才能享受到完整的元宇宙。

总的来说，元宇宙依赖于 AR、VR、MR 和 XR 等技术来提供一个交互式的、身临其境的虚拟环境，用户可以在其中体验各种现实世界和虚拟世界的互动。

AIGC篇

第 16 问：AIGC 的技术基础有哪些？

AIGC 的发展主要依赖于以下几项核心技术。

1. 算法

算法是 AI 系统的核心，它决定了系统如何从输入的数据中学习和做出预测或决策。对于人工智能生成而言，最常用的算法包括深度学习（特别是神经网络）和强化学习。这些算法模仿人脑神经元的工作方式，通过大量的数据和反复的训练，学习如何从数据中提取有用的模式和信息。在此过程中，研究人员不断探索和优化这些算法，使它们更加高效、准确和鲁棒。算法的发展需要深厚的数学、统计学和计算机科学知识基础，以及对人工智能领域的深入理解和实践经验。

在 AIGC 领域，生成型算法模型如 VAE（变分自编码器）、GAN（生成对抗网络）和 Diffusion 在内容创作中起着核心作用。这些模型能够生成新的数据样本，如图像或文本，这在内容创作中有非常高的价值。

此外，Transformer 架构和自监督学习（Self-Supervised Learning，SSL）在自然语言处理（NLP）中得到广泛应用，是 AIGC 的重要组成部分。Transformer 架构，如 BERT，通过自注意力机制有效地处理序列数据，特别是文本数据。这使得模型能够捕捉文本中的长距离依赖关系，并生成更加连贯和准确的文本内容。

Transformer 架构已经在各种 NLP 任务中（如机器翻译、文本摘要、情感分析等）显示出卓越的性能。

在计算机视觉领域，Vision Transformer（ViT）架构和掩码自编码器（MAE）也在内容创作中发挥作用。ViT 将图像分解为多个小块，并将它们作为序列处理，这种方法在图像分类和对象检测等任务上表现出色。

2. 数据

数据是 AI 系统学习和进化的基础。在训练过程中，AI 系统通过大量的数据来学习和理解世界，提取有用的模式和信息。这些数据可以包括文本、图像、音频、视频等多种形式，来源也可以多样，如社交媒体、公开数据库、传感器和个人设备等。数据的质量和多样性对 AI 系统的性能有着直接的影响。因此，在收集和处理数据的过程中，需要注意数据的准确性、完整性、公平性和多样性。同时，也要考虑到数据隐私和保护的问题。

3. 计算资源

人工智能生成通常需要大量的计算资源。这包括高性能的硬件设备［如图形处理器（GPU）、张量处理器（TPU）和大规模服务器等］，以及高效的软件工具（如 TensorFlow、PyTorch 和 Keras 等）。计算资源的管理和优化是人工智能生成中的一个重要环节。例如，通过合理的资源分配和调度，可以提高系统的效率和稳定性。在云计算和边缘计算的帮助下，人们现在可以更方便地获取和使用计算资源。量子计算机是一种新型计算机，它使用量子力学的原理来处理信息，在处理某些问题时具有巨大的并行性和速度优势。在人工智能内容生成领域，量子计算机有潜力极大地加速模型的训练过程，特别是对于那些参数极多的大模型。此外，量子计算机在处理复杂优化问题和模拟物理过程方面的优势，也为 AIGC 开辟了新的可能性，如生成更加逼真的三维图像或模拟复杂的自然语言对话。

第 17 问：AIGC 经历了哪些发展阶段？

从内容生成的形式来看，AIGC 可以看作经历了三个阶段，分别是第一阶段的 PGC（Professionally-Generated Content，专家生成内容），由专业团队创作，代表项目是以爱奇艺、优酷、腾讯视频为首的视频平台。第二阶段是 UGC（User-Generated Content，用户生成内容），如新浪微博、哔哩哔哩等，用户既是接收者，也是内容的提供方。第三阶段是 AIGC（AI Generated Content，人工智能生成内容），由人工智能帮助甚至取代人类进行内容创作。

专家生成内容（PGC）是由具有专业知识和技能的人或机构创作的内容。这类内容的质量通常较高，因为创作者在他们的领域具有专业知识。新闻报道、学术论文、电影、电视节目、专业博客文章和教育课程都是 PGC 的例子。

PGC 的主要优点是其专业性和高质量，这使得用户更倾向于信任这类内容。然而，PGC 的主要缺点是制作成本高，且更新速度可能较慢，因为需要投入大量时间和资源进行创作和编辑。

用户生成内容（UGC）是由普通用户或消费者创作的内容，

而非专业人士或机构创作的。这类内容可能包括社交媒体帖子、评论、博客文章、视频、图片和在线评价等。

UGC 的主要优点是能够快速生成大量内容，因为任何人都可以分享他们的观点和经验。此外，UGC 通常被认为更真实和可信，因为它来自真实的用户，而非专业的内容创作者。然而，UGC 的质量可能会有所不同，因为创建内容的人并不需要具备专业知识或技能。如图 6 所示，哔哩哔哩的 UP 主（上传者）发布自己制作的视频就属于 UGC。

图 6　哔哩哔哩的 UP 主发布自己制作的视频

根据 AIGC 自身的发展史也可以分类以下几个阶段：

- 初级探索阶段（20 世纪 90 年代—21 世纪 10 年代）：在这个时期，AIGC 主要在实验性质的阶段，研究者们开始尝试利用 AI 技术生成各种形式的内容，如新闻、音乐和诗歌等。这个阶段的 AIGC 主要是基于预设规则和算法的。
- 行业应用阶段（21 世纪 10 年代中期—2022 年）：随着 AI 技术的进步和深度学习算法的发展，AIGC 开始在各个领域得到广泛应用，如新闻、广告、音乐、电影和游戏等。这些内容通常能在短时间内快速生成，并且在一定程度上能达到与人类创作相似的效果。

- 应用普及阶段（2022 年至今）：2022 年，随着 GPT-3.5 和 GPT-4 的发布，AIGC 实现了应用普及。2022 年也被誉为 AIGC 元年，各种 AIGC 应用如雨后春笋般涌出。这些应用也降低了使用成本，使得每个人都能够真正使用到 AIGC 技术。

第 18 问：什么是机器学习?

机器学习，作为人工智能的一部分，主要目的是创建和实施可以自动从数据中吸取知识的算法。当人们提到“学习”，指的是理解和识别数据中的模式，以预测未来数据或制定策略。机器学习的一大优势在于，它让计算机可以在无须特定编程指令的情况下自我学习和适应新的环境。人们的日常生活中充满了机器学习的应用实例，具体如下。

- 推荐系统。比如，如果用户在亚马逊或 Netflix 等平台购物或看电影，便可能已经体验过机器学习的功用。这些网站会提供精准的推荐，如“根据你的浏览历史，你可能会对下列商品感兴趣”。这些推荐来源于机器学习算法，它们通过分析用户的购买或观看历史，学习用户的兴趣偏好，然后推荐可能符合用户喜好的商品或电影。

- 电子邮件过滤。许多邮件服务采用机器学习技术来鉴别垃圾邮件和正常邮件。这些服务的算法学习了已知垃圾邮件和非垃圾邮件的特征，然后依据这些特征来预测新邮件是否属于垃圾邮件。
- 自动驾驶。自动驾驶汽车使用机器学习来理解周围环境并做出判断。例如，它们可以利用机器学习来识别其他车辆、行人和交通信号。

在这些例子中，机器学习算法通过分析大量数据来学习和预测。 在 AIGC 的背景下，这种学习能力使得内容生成变得更加智能和个性化。例如，AIGC 可以生成个性化的新闻摘要，根据用户的阅读偏好提供定制的内容。

尽管机器学习背后的数学原理可能显得复杂，但其基本概念却相当直观。首先，有一个包含大量实例的数据集，每个实例都有一些属性（称为特征）和一个结果（称为标签）。特征是描述实例的可测量属性，标签则是想让算法预测的结果。人们将这个数据集输入到学习算法中，算法会尝试寻找特征与标签之间的关系。一旦这种关系被学习到，就可以将新的、未标记的实例输入到算法中，它会预测出这些实例的标签。

然而，机器学习并非一个单一的领域，而是包含一系列不同的任务和方法。比如，监督学习是一种机器学习方式，其中每个实例都配有一个预设的标签。无监督学习则是一种训练模式，数据集中的实例并没有预先定义的标签。在这种情况下，机器学习算法需要自我探索数据中的模式和关联，这可以通过聚类（把相似的实例聚集在一起）或关联规则学习（发现特征之间的有趣关系）等方式实现。

半监督学习和强化学习是其他两种形式的机器学习。在半监督学习中，只有部分实例配有标签。而强化学习则是一种动态过程，在这个过程中，模型通过与环境的互动并根据产生的奖励或惩罚进行学习。在 AIGC 中，这些不同的学习方式都有其应用。例如，监督学习可以用于训练文本生成模型，而无监督学习可以用于生成新的、未见过的艺术作品。

尽管机器学习可能看起来神秘并且其运作过程接近黑箱，但其目标却非常直白：从数据中寻找有价值的关系。如果人们能教会计算机如何从数据中学习，那么就可以使它们执行各种任务，从过滤垃圾邮件，到预测股市走向，再到驾驶汽车。

总的来说，机器学习正以其无比的潜力和应用广度，影响着世界。无论是互联网上的个性化推荐、邮件过滤，还是自动驾驶汽车等创新科技，它们的背后都有机器学习的强大驱动。虽然人们需要理解和解决众多的复杂数学问题，但一旦成功地“教会”计算机如何从数据中学习，未来的可能性将会是无穷无尽的。机器学习正在为人们解锁前所未有的新可能，让人们更好地预测、理解甚至是塑造未来。

第 19 问：什么是深度学习？

深度学习作为机器学习领域中的一个重要分支，得益于其模拟人脑工作机制和学习方式的特性，已经在各个领域发挥了巨大的作用。这种方法利用的神经网络包含了大量（也就是“深度”）的层，这些层负责处理和传递信息，模拟人脑中神经元的连接方式。每一层都会处理输入的信息，并将结果传递给下一层。

深度学习在 AIGC 的应用中起着至关重要的作用。通过深度学习，人们可以训练模型生成各种形式的内容，包括文本、图像、音频和视频。这是因为深度学习能够捕捉到数据中的复杂模式，这对于内容生成来说是非常重要的。

在深度学习模型中，每一层都负责学习并提取输入数据的特征，并将这些特征传递给下一层。以图像处理为例，前几层可能会专注于识别边缘和颜色，中间层可能会关注更复杂的形状和纹理，而最后的层可能会识别具体的对象，如人脸或汽车。这种分层处理的特性使深度学习模型能够应对复杂和抽象的任务，这也是深度学习的关键优势所在。

深度学习在许多领域都得到了广泛的应用，以下是一些常见的应用实例。

- 图像识别。在自动标记社交媒体照片或是使自动驾驶汽车能够识别行人、其他车辆和交通信号等场景中，深度学习都有着广泛的应用。特别的是，卷积神经网络（CNN）在图像识别任务上已经超越了许多传统的图像处理算法。
- 语音识别和生成。当用户和手机进行语音交互（如使用 Siri、Google Assistant 或者 Alexa）时，实际上是在利用深度学习的技术。循环神经网络（RNN）和 Transformer 模型使得机器能够理解和生成语音。

- 自然语言处理。深度学习在理解和生成文本方面也发挥了重要作用，无论是自动回复电子邮件，还是生成新闻文章，都离不开深度学习的帮助。近年来，BERT 和 GPT-3 等深度学习模型在这个领域取得了显著的进展。
- 强化学习。这是一种让机器通过试错法学习和优化其策略的机器学习方法。其中，最知名的例子应当是 DeepMind 的 AlphaGo，它成功地通过深度学习和强化学习，击败了人类职业围棋高手。
- 音乐创作。深度学习也在 AIGC 中发挥作用。通过训练神经网络学习音乐的结构和模式，人们可以生成新的旋律与和声。这对于音乐制作人和作曲家来说是一个强大的工具，因为它可以帮助他们探索新的音乐创意和风格。
- 医疗领域。深度学习在医疗领域的应用是一个快速发展的研究方向，它利用复杂的神经网络模型来分析大量的医疗数据，从而提供对疾病的洞察和辅助诊断。湖南大学国家超算长沙中心和湘雅医院共同研发临床药学监护仪就是一个已经应用落地的项目，通过输入患者处方/用药信息到临床药学监护仪就可以输出用药指导单。该临床药学监护仪已在中南大学湘雅医院、中南大学湘雅三医院、湖南省人民医院、广东省人民医院、海南省人民医院和北海市第二人民医院用于用药指导。

总的来说，深度学习以其强大的能力和广泛的应用，为人们展现了无尽的可能性。它模仿人脑的工作方式，利用复杂的神经网络处理和解读数据，从而解决了许多以前认为只有人类才能处理的问题。从图像识别到语音识别和生成，再到自然语言处理和强化学习，深度学习都在推动着科技的发展，并以此改变着人们的生活。

然而，尽管深度学习的潜力无限，但人们也必须认识到它的局限性，并积极寻找解决方案，这包括如何解释深度学习模型的决策过程，如何确保模型的公平性和透明度，以及如何处理数据隐私等问题。但是，随着人们对这一领域理解的不断深入，有理由相信，深度学习将在未来继续为社会带来更多的创新和突破。

第 20 问：什么是 GAN?

生成对抗网络（Generative Adversarial Network，GAN）是一种革新性的深度学习模型架构，由 Ian Goodfellow 等研究者在 2014 年首次提出。GAN 的基本原理是通过竞争性训练两个神经网络，以生成与原始数据统计特征相近的新数据。这两个网络，分别被称作生成器（Generator）和判别器（Discriminator）。

生成器的主要任务是从一个随机噪声信号中生成合成数据，这些数据需要尽可能地接近真实数据。判别器的角色则是一个二元分类器，它的目标是尽可能地区分出真实数据与生成器产生的合成数据。在这个对抗的过程中，生成器致力于欺骗判别器，使其将生成的数据误判为真实的，而判别器则不断自我提升，以更精准地识别出合成数据。

这两个网络相互竞争，相互促进，在一场犹如“造假专家”

与“鉴定专家”的竞赛中，生成器不断提升其造假技巧，而判别器则持续提高其识别真伪的能力。随着训练的进行，生成器将越来越擅长制造足以以假乱真的数据。

GAN 在 AIGC 领域的应用是其最引人注目的成就之一。通过使用 GAN，人们能够创造出高质量、逼真的内容，这在过去是难以想象的。

GAN 有许多变种，如深度卷积 GAN（DCGAN）、条件 GAN（CGAN）、循环 GAN（CycleGAN）等，在多种任务上都有显著的成功应用。

GAN 的应用范围十分广泛，以下是一些典型的例子。

- 艺术创作。GAN 能够生成各种类型的艺术作品，无论是绘画、音乐、诗歌等。在视觉艺术方面，StyleGAN 等模型可以生成惊人逼真的人脸图像，而 DeepArt 和 DoodleGAN 等模型能在给定的草图上添加艺术风格。
- 超分辨率。GAN 也被用于图像超分辨率技术，将低分辨率的图像提升至高分辨率。这在摄影、医疗影像处理、卫星图像处理等领域都有大量的应用。
- 数据增强。在深度学习模型的训练中，常常需要大量的数据。然而，往往人们无法获得足够的数据，此时，GAN 可以被用来生成额外的训练数据。
- 动画和游戏设计。GAN 被用于生成新的动画角色设计或游戏关卡设计。这可以大幅降低人工设计的时间，同时提供无穷的创新可能性。

尽管 GAN 有许多有益的应用，但是它们也引发了一些重要的伦理和社会问题。例如，GAN 可被用来生成深度伪造视频

（Deepfake）。这些视觉和听觉上令人信以为真的视频，实则是由 AI 合成的，可能包含一些从未发生过的场景或言论。这种技术可能被用于制造虚假新闻，损害公众人物的声誉，甚至进行网络诈骗。因此，使用 GAN 时必须审慎，并始终考虑其可能产生的伦理和法律问题。

此外，GAN 的训练过程通常需要大量的计算资源和时间。这是因为生成器和判别器都需要进行大量的迭代，以不断提升各自的性能。这种计算密集型的训练过程导致了大量的能源消耗，也引发了环保问题。

总的来说，GAN 在 AIGC 领域的应用是一场革命。它为内容创作者提供了前所未有的工具和能力，使他们能够以更高的效率和创造力生成内容。然而，随着技术的发展，人们也必须警惕其潜在的滥用，并制定相应的政策和标准来确保 GAN 的应用是道德的、可持续的，并且符合社会的最大利益。

第 21 问：什么是自然语言处理？

自然语言处理（Natural Language Processing，NLP）是人工智能的一个重要分支，致力于让计算机能够理解、处理和生成人类的自然语言。其主要目标是让机器能够像人类一样理解和应对语言，包括理解语言的语义、语法、情感，甚至包括口语和俚语。自然语言处理已经广泛应用于人们的日常生活，以下是一些例子。

- 搜索引擎：Google 和 Bing 等搜索引擎使用自然语言处理技术理解用户的查询意图，并找到相关的网页。
- 语音助手：Siri、Alexa 和 Google Assistant 等语音助手使用自然语言处理技术理解用户的语音命令，并做出相应的回应。
- 机器翻译：DeepL 翻译、必应翻译等在线翻译工具使用自然语言处理技术将文本从一种语言翻译成另一种语言。
- 情感分析：这种应用能够理解用户评论、推文等文本中的情感倾向，广泛应用于品牌管理和市场研究。
- 文本生成：AI 系统能够编写文章、撰写新闻稿，甚至创作诗歌和小说，广泛应用于新闻报道、广告创作、社交媒体管理等领域。
- 智能聊天机器人：智能聊天机器人能够理解用户的问题，并提供有用的回答或执行相应的操作，广泛应用于客户服务、个人助理等领域。

另外，文本内容生成是 AIGC 最重要的领域之一，自然语言处理则是其最重要的技术基础之一。例如，OpenAI 的 GPT（Generative Pre-trained Transformer）模型就是一个使用自然语言处理技术生成内容的例子。这个模型接收一段输入的文本，然后可以生成一段与输入文本在语境上连贯的新文本。在这个过程中，模型需要理解输入文本的含义（通过自然语言处理技术理解），然后生成新的文本（通过自然语言处理技术生成）。

最初，自然语言处理领域使用的是循环神经网络（RNN）和长短期记忆网络（LSTM）。但是在自然语言中，词与词之间可能存在长距离的语义依赖关系。例如，在长句子中，句首的词可能会影响句尾的词。这两个网络架构在处理这种长距离依赖关系时效果并不理想。直至 Transformer 架构的出现才解决了长距离依赖的问题。

第 22 问：什么是 Transformer?

Transformer 是一种在自然语言处理领域被广泛应用的深度学习模型架构。它由 Google 在 2017 年发表的论文“Attention is All You Need”中首次提出，并在处理序列数据（尤其是文本数据）时，取得了显著的效果。

Transformer 出现以前，在人工智能领域，自然语言处理一直落后于图像处理，直至 Transformer 的出现才打破了这一局面。Transformer 的核心创新是自注意力机制（Self-Attention Mechanism）或称之为注意力机制（Attention Mechanism）。这种机制使模型在处理序列中的每个元素时，能对序列中的所有其他元素进行关注。这与传统的序列处理模型（如 RNN）形成了鲜明的对比。在 RNN 中，模型需要按顺序处理序列的每个元素，信息必须沿着序列的长度传递，这在处理长序列时可能导致信息丢失。而 Transformer 通过注意力机制允许信息在序列中任意位置间直接传递，从而有效地解决了这个问题。

Transformer 主要由编码器（Encoder）和解码器（Decoder）

两部分组成。编码器负责读取输入的数据（如一个句子），并将其转化为一系列连续的向量表示，而解码器则根据这些向量表示生成输出的数据。

Transformer 已经在各种应用中发挥了重要作用。

- 机器翻译：Transformer 最初的设计就是为了解决机器翻译问题，如 Google 的翻译服务就广泛使用了 Transformer。
- 文本生成：许多文本生成任务，如文章摘要、聊天机器人、创作诗歌和故事等，都使用了基于 Transformer 的模型。OpenAI 开发的大模型——GPT-3，就在各种文本生成任务上取得了显著的成果。
- 文本理解：Transformer 也被用于理解文本，如情感分析、命名实体识别、问答系统等。其中，BERT 是一种广泛使用的基于 Transformer 的模型，已在多种文本理解任务上表现出色。
- 语音识别和音乐生成：虽然 Transformer 最初是为处理文本而设计的，但它也可以用于处理其他类型的序列数据，如音频。已有研究表明，Transformer 在语音识别和音乐生成等任务上也有良好的性能。

注意力机制是 Transformer 的核心，它通过计算一个“注意力分数”来表示模型对序列中的不同位置的关注程度。Transformer 在处理序列中的每个元素时，会对序列中的所有元素计算一个注意力分数，然后根据这些分数对元素进行加权平均，将得到的结果作为输出。这使得 Transformer 可以同时考虑序列中的所有元素，而不仅仅是当前处理的元素。

为了给出序列中元素的位置信息，Transformer 引入了位置编码（Positional Encoding）。因为注意力机制本身并不考虑元素的位置，如果没有位置编码，模型将无法区分序列的顺序。位置编码通过将一种包含位置信息的特定编码添加到每个元素的向量表示中，为模型提供位置信息。

此外，Transformer 还采用了多头注意力（Multi-head Attention）来从不同的角度捕获信息。每个“头”都有其自己的权重矩阵，可以学习到序列中的不同类型的信息，从而捕获更丰富的信息，提升模型的性能。

Transformer 可以看作 AIGC 在文本领域的“关键先生”，没有 Transformer 就没有 ChatGPT。ChatGPT 系列模型就是基于 Transformer 架构生成的。除了文本类内容的生成，Transformer 也被用于音乐、图像和视频内容的生成。

第 23 问：什么是 BERT？

BERT，全称为“Bidirectional Encoder Representations from Transformers”，也可译为“基于 Transformer 的双向编码器”，这个名称体现了 BERT 背后的两个核心思想：基于 2017 年由阿希瑟・瓦斯瓦尼（Ashish Vaswani）等人提出的创新的神经网络架构 Transformer，并采用双向处理文本的方式，这意味着在处理文本时，BERT 不仅考虑了每个词的前文，还照顾到了后文。

在训练过程中，BERT 模型会随机选取一些词，替换为特殊的 MASK 标记，随后预测被替换的原词可能是什么，这被称为 Masked Language Model（MLM）任务。同时，BERT 还会随机选择两个句子进行拼接，预测第二个句子是否是第一个句子的真实后续，这被称为 Next Sentence Prediction（NSP）任务。这两个任务帮助 BERT 学习词的上下文信息和句子之间的关系。

BERT 模型的关键特性之一是预训练与微调的结合：在预训练阶段，BERT 借助大量的无标注文本（如 Wikipedia 和 BookCorpus）进行 MLM 和 NSP 任务的训练，从而吸收丰富的语言知识；在微调阶段，BERT 再利用特定任务的小规模标注数据进行训练，以学习与任务相关的知识。这种策略使得 BERT 在多样的 NLP 任务中（如文本分类、问答、命名实体识别等）都能展现出卓越的性能。

然而，BERT 面临的挑战也很多。首先，它需要大量的计算资源进行训练，这可能导致仅有一部分大公司和研究机构才能够承担得起训练这类模型的负担。其次，BERT 的工作原理相当于一个“黑箱”，这使得人们往往难以理解它的内部运行机制，从而可能会带来一些不可预见的错误，同时也降低了模型的决策透明度。最后，尽管 BERT 的预训练和微调的结合策略非常有效，但在数据稀缺的任务上，BERT 可能会过度拟合训练数据，导致性能下降。

ChatGPT 和 BERT 都是自然语言处理的模型，它们都基于 Transformer 架构，但它们的设计目标和应用场景有所不同。BERT 主要用于获取上下文的深层次表示，用于各种下游 NLP 任务，如文本分类、命名实体识别、问答系统等。而 ChatGPT 则专注于生成连贯且自然的对话。

总的来说，作为一种强大而灵活的 NLP 模型，BERT 通过其独特的预训练和微调的结合策略，以及基于 Transformer 的双向编码器，已经大幅度地提升了 NLP 任务的性能。然而，伴随着计算资源的需求、模型的“黑箱”性，以及在数据稀缺任务上的过拟合问题等挑战，需要人们在未来的研究中进一步探索和解决。

第 24 问：什么是多模态？

单模态（Unimodal）和多模态（Multimodal）是机器学习和人工智能领域的术语，主要用于描述模型处理的数据类型。单模态是指模型只处理一种类型的数据。例如，一些模型可能只处理文本数据，用于进行情感分析、文本分类、机器翻译等任务。另一些模型可能只处理图像数据，用于进行图像分类、物体检测等任务。

多模态是指涉及多种类型输入或输出的交互方式，这种交互方式在人工智能和机器学习领域中非常常见，也是近年来人工智能领域的热门研究方向。这是因为多模态可以更好地模拟人类的感知和理解方式。

在人工智能中，多模态通常是指机器同时处理和理解多种类型的数据，如文本、图像、音频、视频等。这种处理方式更接近人类的交互方式，因为人们通常会在同一时间通过多种途径获取信息，如在和人交谈时，会同时理解对方的语言（音频），观察对方的表情和身体语言（视觉），甚至感知对方的情绪（文本和声音的语义）。

除了文本、图像等不同的数据类型，多模态分析还包括对同一数据集从不同角度的解读，这涉及不同的语境或信息类型。例如笔者就使用了一种多模态网络的分析方法 MSSL2drug 用于药物发现。该方法是一种基于多模态网络表征学习的药物发现方法，使用了生物医学异构网络的结构、语义和属性等多模态特征。该方法通过基于图注意力的对抗多任务学习框架来生成分子表征，具备 6 种单任务和 15 种多任务，能够系统地评估不同的多任务自监督模型在药物发现应用中的差异性。实验结果证明该方法能够获得极高的药物预测性能。与基准方法相比，多模态表征模型在不同的测试场景中都获得了更高的精度。该研究工作在 2023 年获得了国家自然科学基金委员会的报道，基于该研究成果的论文在多个国际期刊如 *Nature Machine Intelligence*，*BMC Medicine* 上发表。

特别是在 AIGC 领域，多模态学习有着巨大的潜力。例如，AIGC 的领头羊 Midjourney 就是一个多模态的内容生成平台。用户可以在 Midjourney 上同时输入图片和提示词，它就可以在原图片的基础上生成新的内容，这就是多模态输入（图片和文本）到单模态输出（图片）的例子。此外，BERT 和 GPT-3 也可以处理多种类型的输入，包括文本、图像和声音。

同样，在其他人工智能生成内容的任务中，如自动生成字幕、语音识别和生成、图像描述和文本生成等，多模态学习也是非常关键的。它可以帮助模型更好地理解和生成内容，提供更自然、更丰富的用户体验。

然而，尽管多模态学习有着巨大的潜力，但它也面临着许多挑战，例如如何有效地结合不同类型的数据、如何处理数据不匹配问题、如何设计能同时处理多种数据的模型等。这就需要人们继续在这个领域进行深入的研究和开发。

第 25 问：什么是大模型？

在人工智能和机器学习领域中，“大模型”一词是指拥有大量参数的模型。这类模型的训练通常需要大量的数据和显著的计算资源。近年来，大模型在 AI 研究领域已经取得了重要的突破，并在许多任务中展现出了超越人类的表现能力。

大模型的概念近年来尤为受到关注，这得益于硬件能力的提升和数据集规模的扩大，使得研究人员能够训练更为庞大和复杂的模型。在许多任务中，这些模型都展示出前所未有的出色表现。例如，对于自然语言处理任务，像 GPT-3 这样的大模型拥有惊人的文本生成能力，其生成的文章看起来就像由人类撰写的。而在计算机视觉任务中，像 BigGAN 和 DALL-E 这样的大模型能够生成高质量的图像，甚至能够创造出从未见过的物体。

在实践中，大模型已经在许多领域取得了显著的成功。例如，在自然语言处理领域，GPT-3 是一个拥有 1750 亿个参数的模型，它能生成极其自然、连贯的文本，甚至能编写程序、解答问题、进行语言翻译等。在计算机视觉领域，像 BigGAN 这样的大模型能生成非常真实的图像，而 OpenAI 的 DALL-E 则能根据文本描述生成对应的图像。

大模型之所以如此强大，主要归因于两个关键因素：数据和计算能力。大模型需要大量的数据进行训练，因为更多的数据意味着模型可以学习更多的模式和关系，从而能够更好地理解和预测。同时，大模型也需要大量的计算能力。训练一个大模型可能需要数周、数月甚至数年的时间，同时还需要大量的硬件资源（如 GPU）。

大模型同样带来了一些挑战。首先，训练大模型需要大量的计算资源，这可能导致只有资源富裕的组织才能进行这样的训练。其次，大模型可能会出现过拟合训练数据的情况，这可能导致它们在未见过的数据上表现不佳。此外，大模型的复杂性可能使得它们很难被解释，因为它们的内部工作机制通常非常复杂。

总的来说，大模型是当前人工智能领域的一个重要趋势。虽然它们在许多任务中都表现出了出色的性能，但同时也带来了一些挑战。在推进大模型发展的同时，人们需要密切关注这些挑战，并寻找相应的解决方案。

第 26 问：什么是强化学习？

强化学习（Reinforcement Learning，RL）作为机器学习的一种类型，其工作原理是让一个智能体（Agent）通过与环境的交互以探索并学习行动策略，旨在达到明确的目标。过程中，智能体试验各种行为，获取环境提供的奖励或惩罚（通常被称为回报），以此学习选择能最大化总回报的行为。

强化学习的核心组件主要包括智能体（Agent）、环境（Environment）、状态（State）、动作（Action）和奖励（Reward）。智能体是决策和学习的主体；环境则为智能体提供上下文，反馈状态和奖励信息；状态描述了环境的当前状况；动作则是智能体在给定状态下可以选择的行为；而奖励则是环境对智能体动作的反馈，指引智能体学习。

在强化学习中，智能体的目标是学习到一个策略（Policy）——在各种状态下应该如何行动，以使从当前状态出发的未来累积奖励（也被称为回报）最大。这就引出了一个探索与利用之间的权衡：智能体需要探索环境以找到更优策略，同时也要利用已知策略以获得奖励。

强化学习在众多领域都有着显著的成果。例如，在棋类游戏中，DeepMind 的 AlphaGo 就是通过强化学习方法成功击败人类职业围棋高手的；在机器人领域，强化学习也被用于教授机器人完成各种任务，如行走、抓取物体等。

然而，强化学习也并非没有挑战。首先，强化学习通常需要大量的交互和试错才能找到有效策略，这在许多实际环境中可能难以实施。其次，强化学习的稳定性和适应性问题也非常关键。例如，智能体可能会过度依赖训练环境，对新的或未见过的环境适应性差。此外，设计合适的奖励函数也是一大挑战，因为错误的奖励函数可能导致意料之外的行为。

总的来说，强化学习这种模拟生物与环境交互学习的方式的机器学习方法，具有巨大的潜力。在 AIGC 领域，强化学习的应用还处于探索阶段，但随着技术的不断发展，人们可以期待强化学习在内容生成、个性化推荐和创意设计等方面发挥更大的作用。

第 27 问：大数据对 AIGC 有多重要?

AIGC 通常依赖大型 AI 模型，这些模型是通过在大量数据上进行训练来学习的。例如，GPT-3（Generative Pre-trained Transformer 3）是一个大型语言模型，它通过在大量的文本数据上进行训练，学会了生成逼真的文本。这种模型的训练过程涉及对数十亿甚至数万亿的参数进行调整，以便模型可以准确地预测和生成语言。而大模型需要大数据的支持，原因如下。

- 学习复杂特征：大模型通常具有大量的参数，这使它们能够学习和表示更复杂的特征和模式。为了有效地学习这些复杂特征，模型需要大量的数据来训练以适应各种各样的情况和模式。
- 避免过拟合：当模型的参数非常多时，如果训练数据量较少，模型可能会过度适应训练数据，导致在新数据上的泛化能力下降。通过使用大量的数据，可以减少过拟合的风险，因为模型需要学习更广泛的模式来适应更多的数据。
- 提高准确性：在很多情况下，模型的性能（如准确性）会随着训练数据量的增加而提高。大数据集通常包含更多的信息和多样性，这有助于模型学习更准确的表示。

- 更好的泛化：大数据集通常包含更多的变化和多样性，这有助于模型学习在现实世界中更广泛适用的特征和模式。
- 利用模型容量：大模型的参数数量使它们具有很高的表示能力。为了充分利用这种能力，需要足够的数据来训练这些参数。否则，大部分参数可能没有被充分利用。
- 解决复杂问题：对于一些复杂的问题，如自然语言处理或图像识别，需要模型能够理解深层次的语义和结构。大数据集提供了丰富的上下文和例子，使模型能够学习这些复杂的关系。
- 迁移学习和微调：大模型通常在大数据集上进行预训练，然后通过微调在特定任务上进行优化。大数据集的预训练使模型能够学习通用的特征表示，这些表示可以在多个任务中重复使用。
- 提高鲁棒性：大数据集通常包含各种噪声和异常值。通过在大数据集上训练，模型可以学会在噪声和不完美的数据中保持稳定的性能。

总的来说，大数据对于训练大模型至关重要，因为它提供了丰富的信息、多样性和上下文，使模型能够学习复杂的特征表示，并在各种任务和环境中表现出色。

然而，大数据也带来了一些挑战。首先，处理和存储大数据需要大量的计算和存储资源。其次，训练大模型需要大量的时间和计算能力。此外，大数据也可能引发一些隐私和安全问题，因为它通常涉及收集和处理个人或敏感的信息。

尽管存在这些挑战，但大数据仍然是 AIGC 的关键驱动力。

通过利用大数据，人们可以训练出更强大、更准确的 AI 模型，这些模型可以生成各种形式的高质量内容。随着技术的发展，人们期待看到更多的创新和应用，这些创新和应用将进一步推动 AIGC 的发展，并为人们的生活带来更多的便利和乐趣。

第 28 问：计算资源对 AIGC 有多重要？

计算资源对 AIGC 至关重要。计算资源包括处理器（如 CPU 和 GPU）、内存、存储空间和网络带宽，是 AIGC 系统的基础，对模型的训练、优化和部署起着决定性作用。计算资源对 AIGC 的重要性体现在以下几个方面。

- 模型训练：AIGC 通常依赖深度学习模型，这些模型需要在大量数据上进行训练。训练过程涉及大量的数学计算，包括矩阵乘法和梯度下降。高性能的处理器（尤其是 GPU）可以显著加速这些计算，从而缩短模型的训练时间。
- 数据处理：在训练和生成过程中，AIGC 系统需要处理和存储大量的数据。高速内存和大容量存储空间是必不可少的，因为它们允许系统快速访问和处理数据，从而提高效率。
- 并行计算：深度学习模型通常包含数十亿或数万亿个参数。通过使用多个处理器核心和并行计算技术，可以同时执行多个计算任务，从而显著提高训练和推理的速度。

- 实时生成：在某些应用中，AIGC 系统需要能够实时生成内容，如聊天机器人或游戏中的动态环境。强大的计算资源可以确保系统在短时间内生成高质量的内容，满足实时性要求。
- 模型优化：优化深度学习模型以提高性能和减少资源使用是一个计算密集型过程。足够的计算资源允许研究人员和工程师进行更多的实验和调整，以找到最佳的模型配置。
- 可扩展性：随着数据量的增加和模型复杂性的提高，AIGC 系统的计算需求也会增加。强大的计算资源可以确保系统在面对更大规模和更复杂的任务时仍能保持高性能。
- 创新和研究：在 AI 领域，创新和研究通常需要大量的计算资源。通过使用高性能计算，研究人员可以探索更复杂的模型和算法，推动 AIGC 技术的发展。

综上所述，计算资源在 AIGC 的各个方面都起着关键作用。没有足够的计算资源，训练和部署高质量的 AIGC 模型将变得极其困难。此外，计算资源的限制可能会阻碍创新和研究的进展，从而限制 AIGC 技术的潜力发挥和应用范围。

然而，值得注意的是，随着计算资源的增加，也需要考虑成本和环境影响。大规模的计算操作可能需要大量的电力，这不仅增加了成本，还可能对环境产生负面影响。因此，在使用计算资源时，需要权衡性能、成本和可持续性。

为了应对这些挑战，许多组织和研究人员正在寻找更高效的算法和硬件解决方案，以减少 AIGC 系统的计算需求。此外，云计算和边缘计算也为 AIGC 提供了灵活性，允许组织根据需要动态分配计算资源。

总的来说，计算资源是 AIGC 的基石之一，对模型的训练、生成、优化和创新至关重要。在使用计算资源时，需要考虑性能、成本和环境可持续性之间的平衡，并探索新的技术和方法来提高计算效率。

第 29 问：在 AIGC 的发展中云计算和边缘计算可以做什么？

云计算是一种通过互联网提供计算资源和数据存储的模式。在云计算中，数据和应用程序通常存储在数据中心的服务器上，而不是本地设备上。用户可以通过互联网访问这些资源，而无须担心物理硬件的维护和升级。

云计算的主要优势如下。

- 可扩展性：用户可以根据需要轻松增加或减少资源。
- 成本效益：用户只需为所使用的资源付费，无须前期大量投资。
- 可访问性：用户可以从任何地点通过互联网访问云资源。
- 数据备份和恢复：数据中心通常会备份数据，以防数据丢失。

边缘计算是一种计算模式，其中数据处理和分析发生在数据产生的地方，或靠近数据源，而不是在远程数据中心。这通常涉及使用物联网（IoT）设备或局部服务器来处理数据。

边缘计算的主要优势如下。

- 低延迟：由于数据处理发生在靠近数据源的地方，因此可以减少延迟。
- 带宽节省：通过在边缘处理数据，可以减少需要通过网络发送的数据量。
- 数据隐私和安全：数据在本地处理，不必通过互联网传输，从而降低了数据泄露的风险。

在 AIGC 的发展与应用过程中，云计算和边缘计算都发挥着至关重要的作用，为 AIGC 提供了灵活性、可扩展性和高效率。云计算和边缘计算在 AIGC 领域的应用如下。

- 资源可扩展性：云计算允许用户根据需要动态分配计算资源。这对 AIGC 非常有用，因为生成内容的需求可能是变化的。通过云计算，可以在需要时增加资源，并在不需要时减少资源，从而节省成本。
- 数据存储和处理：云计算提供了大量的存储空间和处理能力，这对于处理 AIGC 所需的大数据至关重要。用户可以将大量的数据存储在云中，并利用云的处理能力来训练和运行 AIGC 模型。
- 全球访问和协作：云计算使得来自世界各地的团队能够轻松访问和共享数据和模型。这对于 AIGC 的开发和部署非常有用，因为它允许全球范围内的专家和团队进行协作。
- 边缘计算和实时响应：在某些情况下，AIGC 需要在设备上实时生成内容，如智能手机或 IoT 设备。边缘计算允许在设备本地进行数据处理和内容生成，从而减少延迟并提供更快的响应时间。

- 数据隐私性和安全性：通过在边缘设备上进行数据处理，可以减少敏感数据在网络上的传输，从而提高数据的隐私性和安全性。这对于处理敏感或个人信息的 AIGC 应用非常重要。
- 分布式训练：云计算和边缘计算可以结合使用，以分布式方式训练 AIGC 模型。通过将训练任务分布在云和边缘设备上，可以加速训练过程并提高效率。
- 模型部署和服务化：云计算使得将 AIGC 模型作为服务（Model-as-a-Service，MaaS）进行部署变得更加容易。用户可以通过 API 访问云中的 AIGC 模型，而无须在本地设备上安装或运行模型。
- 成本效益：通过使用云计算，组织可以避免昂贵的硬件投资，并根据使用量支付费用。这使得即使是小型组织和初创公司也能够利用 AIGC 技术。
- 创新和实验：云计算提供了一个平台，允许研究人员和开发人员快速进行实验和测试新的 AIGC 算法和模型。这种灵活性加速了创新和技术进步。
- 资源优化：边缘计算可以优化资源使用，通过在数据生成的地方进行处理，减少了数据传输的需要。这对于在带宽受限或远程环境中使用 AIGC 特别有用。
- 个性化和定制化内容：边缘计算允许 AIGC 系统根据本地数据和用户偏好生成个性化内容。这可以提高用户体验，特别是在移动应用和智能家居设备中。

总的来说，云计算和边缘计算在 AIGC 时代扮演着关键角色，为 AIGC 提供了必要的计算资源、存储、全球访问、实时响应和数据安全。通过结合云计算的可扩展性和边缘计算的实时性，组织和开发人员可以创建更高效、更灵活和更强大的 AIGC 解决方案，以满足各种应用和需求。

第 30 问：量子计算机是 AIGC 的未来吗？

量子计算机是一种新型计算机，它使用量子力学的原理来处理信息。与传统计算机使用二进制比特（0 或 1）不同，量子计算机使用量子比特（qubit）。量子比特的独特之处在于它们可以利用量子力学的两个关键特性：叠加和纠缠。

- 叠加：在经典计算机中，一个比特只能处于 0 或 1 的状态。然而，量子比特可以通过叠加处于 0 和 1 的状态之间。这意味着一个量子比特可以同时表示 0 和 1，这种能力随着量子比特数量的增加而呈指数级增加。
- 纠缠：当两个或更多的量子比特纠缠在一起时，它们的量子状态变得相互依赖。这意味着对一个量子比特的操作或测量可以影响与之纠缠的其他量子比特，即使它们相隔很远。

除了量子计算机外，还有超级计算机。很多较大的工程无法通过个人计算机实现，因此发展出来了超级计算机。在科技发展的现代，算力已经成为衡量一个国家科技能力和经济竞争力的重要指标之一，而超级计算机就是衡量一个国家算力的重要标准。我国发展超级计算机的时间较晚，目前，我国超级计算机的发展已经位于世界前列。我国已建有 10 个超级计算机中心，分别是国家超级计算天津中心、国家超级计算广州中心、国家超级计算长沙中心、国家超级计算深圳中心、国家超级计算济南中心、国家超级计算无锡中心、国家超级计算郑州中心、国家超级计算昆山中心、国家超级计算成都中心和国家超级计算西安中心。

量子计算机和超级计算机在 AIGC 领域具有巨大的潜力。由于 AIGC 通常涉及大量的数据处理和复杂的算法，因此需要强大的计算能力。

- 处理大规模数据集：AIGC 通常需要处理大规模的数据集，以生成高质量的内容。超级计算机凭借其巨大的处理能力，可以快速处理这些数据集。而量子计算机，通过利用量子叠加，有潜力并行处理大量信息，这对于处理大规模数据集和加速内容生成过程是非常有益的。
- 优化深度学习模型：深度学习是 AIGC 的核心技术之一。然而，深度学习模型通常需要大量的计算资源进行训练。超级计算机可以提供所需的计算能力，而量子计算机在优化复杂的深度学习模型方面具有潜在优势，可能会在未来为深度学习带来革命性的改变。
- 实时内容生成：在某些应用中，如游戏或实时推荐系统，需要实时生成内容。超级计算机可以通过并行处理大量任务来实现实时内容生成。而量子计算机的量子纠缠特性可能允许在未来实现更高效的实时内容生成。

- 创新算法和模型：量子计算机的独特计算模型可能导致新的算法和模型的发展，这些算法和模型可能更适合于内容生成任务。此外，超级计算机可以用于模拟和测试这些新算法。
- 安全和隐私：量子计算机在加密和安全方面具有潜在优势，这对于保护在内容生成过程中使用的敏感数据至关重要。

总的来说，量子计算机和超级计算机在 AIGC 领域具有巨大的潜力和价值。然而，量子计算机仍处于发展阶段，其在 AIGC 领域的应用还有待进一步探索。而超级计算机已经成为支持复杂 AIGC 任务的关键工具。随着技术的不断进步，人们可以期待这些计算平台在未来为 AIGC 带来更多的创新和可能性。

第 31 问：Diffusion 和 AIGC 是什么关系？

在深度学习和生成模型领域，Diffusion Model（扩散模型）是一类用于生成数据的模型，它通过模拟一个随机过程来生成新的数据样本。这种方法在生成图像、文本和其他类型的数据方面已经显示出潜力。Diffusion Model 的工作原理与物理学中的扩散过程有一定的相似性，因为它们都涉及随机性和梯度。

虽然 AIGC 最开始是基于 GAN 建立框架，但是 GAN 存在很多问题，首先，GAN 在对输出结果的控制方面表现不佳，往往产生的是随机图像；其次，GAN 生成的图像分辨率通常偏低；最后，由于 GAN 需要通过判别器来区分生成的图像是否属于特定类别，这导致生成的图像在一定程度上只是对已有作品的模仿，缺乏创新性。因此，单纯依赖 GAN 模型创作新的图像，或通过文字提示生成新的图像，都是困难的。直至 Diffusion 算法模型的出现，才真正实现了 AIGC 的突破性发展。

Diffusion Model 的基本思想是将数据生成过程视为一系列逐渐添加噪声的步骤，从原始数据开始，通过逐步添加噪声，最终达到一个完全随机的状态。然后，模型通过一系列的逆步骤来重建原始数据，每一步都去除一些噪声，直到达到一个合成的数据样本。

以下是 Diffusion Model 的关键步骤。

1）噪声添加过程：从原始数据样本开始，逐渐添加噪声，使数据变得越来越随机。这可以通过多个步骤完成，每个步骤都添加一些噪声。

2）噪声去除过程：从完全随机的状态开始，模型逐渐去除噪声以重建数据。在每个步骤中，模型使用一个神经网络来预测如何去除噪声，并逐渐接近原始数据的结构。

3）训练：在训练过程中，模型学习如何有效地去除噪声以重建数据。这通常通过最大化似然估计来完成，即调整模型参数以使生成的数据尽可能接近训练数据。

4）生成新的数据：一旦模型被训练，它就可以用于生成新的数据。这是通过从随机噪声开始，然后使用模型逐步去除噪声来完成的。

Diffusion Model 的一个优点是它们可以生成高质量和高分辨率的数据。然而，由于需要多个步骤来生成数据，这种方法通常比其他生成模型（如生成对抗网络或变分自编码器）更加计算密集。

近年来，Diffusion Model 已经在图像生成、语音合成和其他任务上取得了显著的进步。例如，OpenAI 的 ImageNet Diffusion Model 就是一个在图像生成任务上表现出色的 Diffusion Model。

第 32 问：什么是 ChatGPT？

ChatGPT 是基于 GPT 模型的一种聊天机器人，用于生成文本并进行智能对话。它由 OpenAI 开发，旨在从用户的输入中理解信息，并生成相关、准确且合乎语境的回答。通过大量训练数据和强大的生成能力，ChatGPT 可以在各种应用场景中为用户提供帮助。

GPT 模型的发展可以追溯到 Transformer 模型，Transformer 采用了自注意力机制（Self-Attention Mechanism），摒弃了传统的循环神经网络（RNN）和卷积神经网络（CNN），在性能和效率方面取得了显著改进。基于 Transformer 架构，OpenAI 开发了 GPT 系列模型。从 GPT 到 GPT-2、GPT-3、GPT-4，这一系列模型在训练数据量和模型参数上不断扩大，实现了前所未有的文本生成能力。尤其是 GPT-3，它具有 1750 亿个参数，能够以惊人的准确性和灵活性生成复杂的文本内容。目前，GPT-4 是 OpenAI 最先进的系统，可生成更安全、更有用的回复。并且 GPT-4 相对于前几代具有更高的准确性、更强的创造力和卓越的推理能力。

不同于现在简单的人工智能助手（如天猫精灵），目前ChatGPT 可以广泛应用于各种场景，如客户服务、智能助手、教育辅导等。由于其出色的文本生成能力，ChatGPT 已经成为众多人工智能对话系统的基础组件。使用 ChatGPT 写诗如图 7 所示。使用 ChatGPT 写代码如图 8 所示。

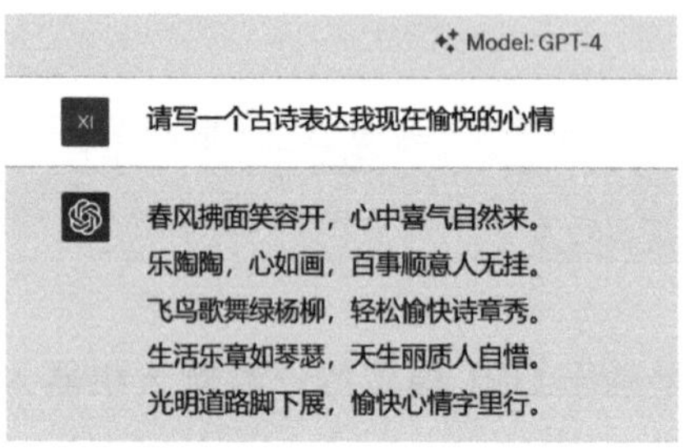

图 7　使用 ChatGPT 写诗

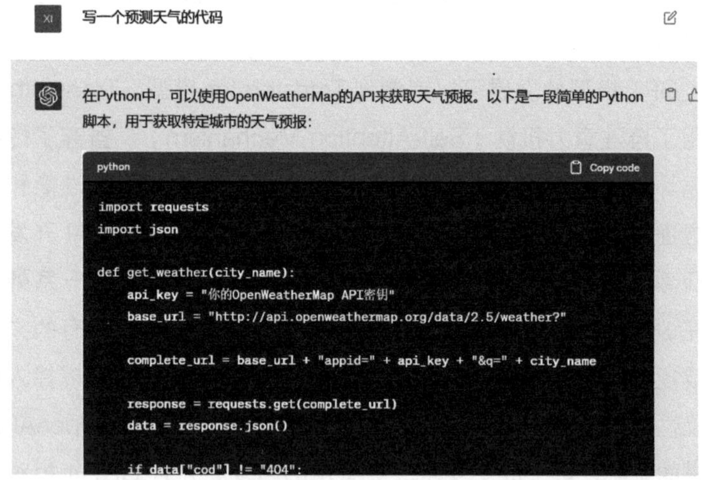

图 8　使用 ChatGPT 写代码

以下是 ChatGPT 的一些主要特点和组成部分。

- 基于 GPT 模型：GPT 是一种先进的自然语言处理模型，基于 Transformer 架构。从 GPT-1 到 GPT-2、GPT-3、GPT-4，这一系列模型在训练数据量和模型参数上不断扩大，实现了前所未有的文本生成能力。
- 大规模预训练：ChatGPT 的训练分为两个阶段：预训练和微调。在预训练阶段，模型使用大量的文本数据进行无监督训练，学习语言模式和语义结构。这为模型提供了丰富的知识储备，使其能够理解和生成各种文本。
- 微调与特定任务：在预训练完成后，ChatGPT 使用特定任务的数据进行微调，以适应各种对话场景和用户需求。这些任务可能包括问答、文本摘要、故事生成等。微调使模型能够在特定场景中表现出更好的性能和准确性。
- 生成式对话：与基于检索的聊天机器人不同，ChatGPT 采用生成式方法，能够生成原创的、与上下文相关的回答。这使得 ChatGPT 更具灵活性，能够应对各种意想不到的输入。
- 多轮对话：ChatGPT 不仅能够生成单轮回答，还可以进行多轮对话。通过对上下文的理解，ChatGPT 能够在对话中保持一致性和连贯性。
- 宽泛应用领域：ChatGPT 可以广泛应用于各种领域和场景，如客户支持、虚拟助手、在线教育、新闻生成等。在这些应用中，ChatGPT 能够提供及时、准确的信息和服务，满足用户的需求。

第 33 问：OpenAI 和 ChatGPT 是什么关系？

OpenAI 是一家人工智能研究实验室，由业界著名人士 Elon Musk、Sam Altman 等于 2015 年联合创办。Musk 是特斯拉（Tesla）的创始人之一和现任 CEO，该公司是电动车和可再生能源解决方案的领导者。此外，他还在 2022 年 4 月 5 日，成为推特最大单一股东，并对推特公司进行了大幅的裁员。Altman 曾在 2014—2019 年担任创业孵化器 Y Combinator（YC）的总裁，帮助了众多知名创业公司（如 Airbnb、Dropbox 和 Stripe）的成长。在离开 YC 后，他成为 OpenAI 的 CEO。他的工作涵盖了多个领域，包括人工智能、能源、生物科技等。

OpenAI 建立的目的是促进人工智能更好地服务于所有人，避免人工智能的恶意滥用，使人类整体受益。OpenAI 的发展历程如图 9 所示。

OpenAI 先后开发了 GPT-1、GPT-2、GPT-3 和 GPT-4 等不同版本的模型，每一次的迭代都增加了模型的参数数量和训练数据的规模，从而提高了语言生成的质量和能力。ChatGPT 是基于这些模型之一的应用实例，尤其是 GPT-3 和 GPT-4 的强大语言处理能力，使得 ChatGPT 可以广泛用于自动化写作、聊天机器人、内容推荐等场景。

OpenAI 通过不断开发和优化 GPT 模型，推动了 ChatGPT

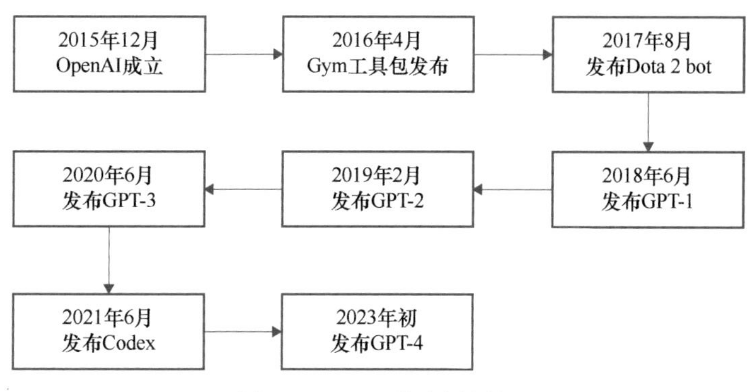

图 9 OpenAI 的发展历程

的发展。OpenAI 提供了训练数据、硬件资源、研究人员等支持，使得 ChatGPT 的语言理解和生成能力不断提升。同时，ChatGPT 作为 OpenAI 产品和研究成果的一种表现形式，也反映了 OpenAI 在推动人工智能技术发展、实现其使命方面的努力。

值得注意的是，OpenAI 对于 ChatGPT 及其他 GPT 系列模型的开发和应用，始终坚持以人类的利益为导向，并且致力于预防和减少人工智能的滥用风险。例如，在发布 GPT-2 时，OpenAI 考虑到其可能被用于生成虚假新闻或恶意内容，因此最初并未完全公开该模型。

第 34 问：ChatGPT 可以用来做什么？

ChatGPT 有许多不同的应用，包括但不限于以下几个方面。

- 问答系统：ChatGPT 可以提供详细的答案，对各种问题进行解答，包括一般性的知识问题、专业领域的问题等。
- 写作和编辑：ChatGPT 可以帮助用户撰写文章、报告、故事等，也可以提供编辑和改写的建议。
- 学习和教育：ChatGPT 可以用作学习工具，帮助学生理解复杂的概念，或者提供学习资源和建议。
- 语言翻译：虽然 ChatGPT 不是专门的翻译工具，但它可以提供一些语言的翻译。
- 编程帮助：ChatGPT 可以提供编程帮助，解答编程相关的问题，提供代码示例等。
- 业务助手：ChatGPT 可以帮助处理电子邮件、安排日程、提供会议纪要等。
- 实时新闻和信息查询：ChatGPT 现在已经有了插件，可以使用 WebPilot 连接网络，实时搜索最新的信息。ChatGPT 的插件库如图 10 所示。

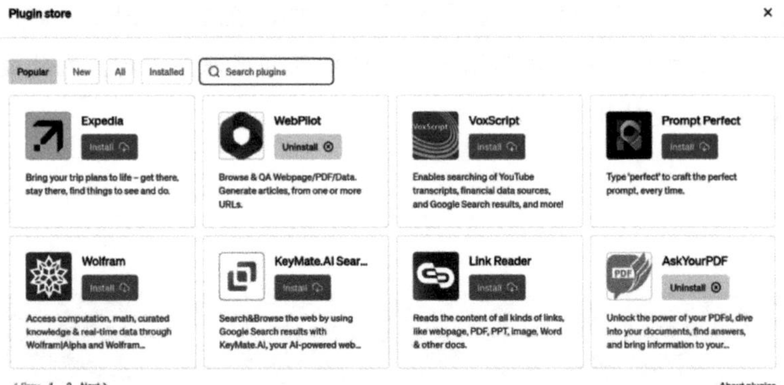

图 10　ChatGPT 的插件库

ChatGPT 的插件赋予它更多的功能，挖掘插件的潜力能让 ChatGPT 发挥更大的能力。

第 35 问：如何使用 ChatGPT?

ChatGPT 是一个强有力的 AI 智能工具，人们需要学会如何使用 ChatGPT，来提升学习和工作效率。

首先，需要登录 https://chat.OpenAI.com 注册一个账号，ChatGPT 的登录界面如图 11 所示。通过单击 Log in 进入注册页面。

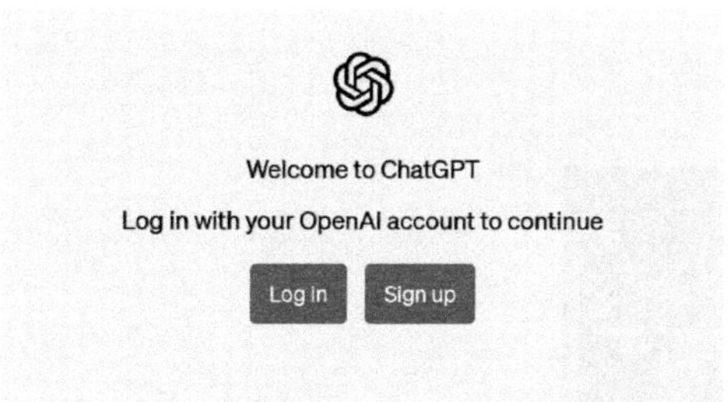

图 11　ChatGPT 的登录界面

现在可以使用 Apple ID 登录 ChatGPT，也可以使用 Gmail 邮箱或者网易邮箱进行注册。图 12 为 ChatGPT 的注册界面。

注册完成以后，就可以使用自己的账号登录了。左边是问答历史记录。可以单击 New chat 进行新的对话。目前，可以免费使用 GPT-3. 5。GPT-4 需要开通 ChatGPT 的 Plus 会员才可以使用。ChatGPT 的使用界面如图 13 所示。

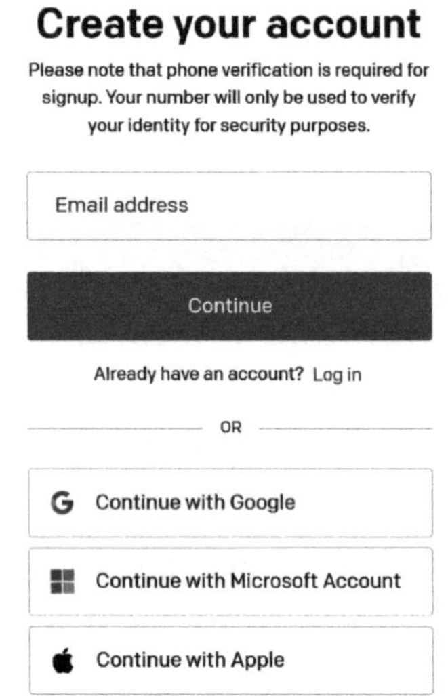

图 12　ChatGPT 的注册界面

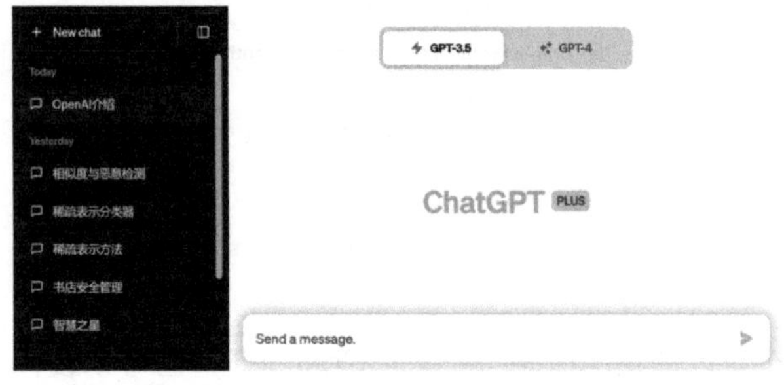

图 13　ChatGPT 的使用界面

通过与 GPT 对话可以看到 GPT 提供了一些使用方法。GPT 是一个连续对话模式，它可以理解连续的问题。另外，GPT 可以修改自己的对话内容，如果你对它的结果不满意，可以让GPT重新修改答案。ChatGPT的问答方法如图14所示。

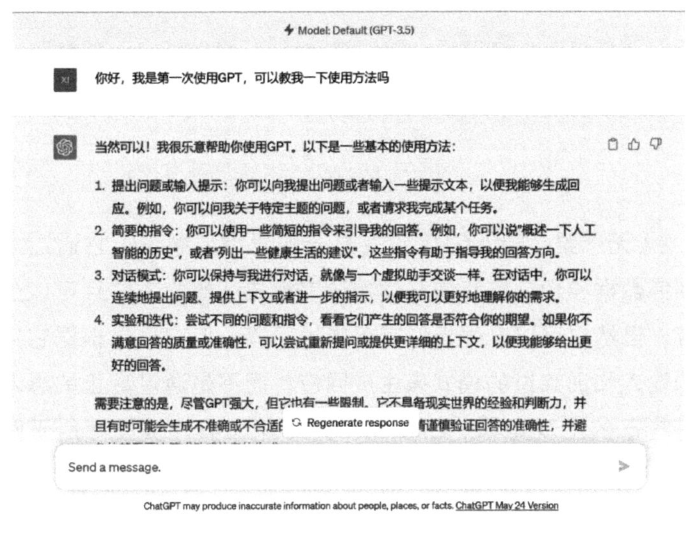

图14　ChatGPT的问答方法

第36问：ChatGPT的局限性是什么？

ChatGPT有一些局限性，包括但不限于以下几点。

1）知识更新：因为ChatGPT的训练数据截至2021年9月，所以它无法对于此后产生的信息提供准确的回复。如图15所示，ChatGPT对于2023年的问题回答。

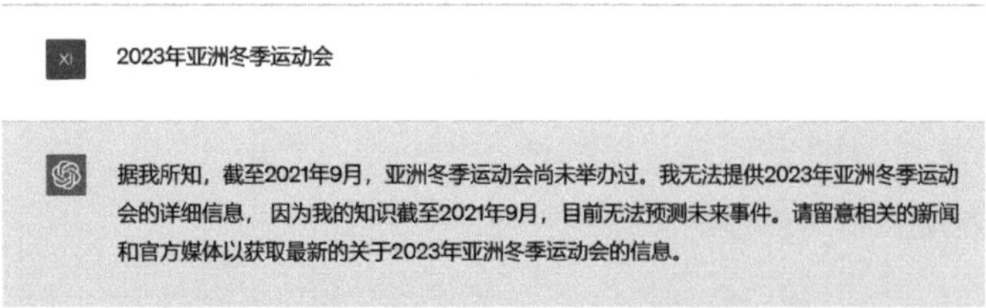

2023年亚洲冬季运动会

据我所知，截至2021年9月，亚洲冬季运动会尚未举办过。我无法提供2023年亚洲冬季运动会的详细信息，因为我的知识截至2021年9月，目前无法预测未来事件。请留意相关的新闻和官方媒体以获取最新的关于2023年亚洲冬季运动会的信息。

图 15　ChatGPT 对于 2023 年的问题回答

2）无思维：ChatGPT 没有自己的思维或意识。它通过大量的训练数据和预训练算法来学习语言模式和概念，并且可以生成回应。虽然它可以产生看似有逻辑的回答，但它只是根据它接收到的输入和训练过的模式来生成回应，而不是通过真正的思考或拥有自己的主观意识。ChatGPT 是一个工具，被设计用于回答问题、提供信息和进行对话，但它没有自己的主观意识。

3）敏感和不适当的内容：针对此问题，OpenAI 已经采取了一些措施来防止生成不适当或冒犯性的内容，但 ChatGPT 仍然可能生成这样的内容。这可能是因为它的训练数据中包含这样的内容，或者是因为它无法完全理解某些内容的敏感性。

4）无法处理文字外的数据：ChatGPT 是一个语言模型，它十分擅长处理文本数据，但是对于文本外的数据难以处理。例如无法处理图像数据，目前处理图像数据可以使用 Midjourney。

虽然 ChatGPT 是基于文本的模型，但可以通过与其他系统的集成来处理其他形式的数据。例如，可以使用 ChatGPT 作为文本生成组件，将其与语音识别系统和语音合成系统结合使用，以处理和生成语音。这样的整合使得 ChatGPT 能够在更广泛的应用中发挥作用。但需要注意的是，ChatGPT 本身并不直接处理非文本数据。

5）错误理解：ChatGPT 的连续性是指在对话中保持一致的上下文和语义理解。尽管它在短期内可以生成连贯的回复，但由于模型的基本设计，它没有持久的记忆能力。这意味着在长时间对话中，模型可能会开始失去之前的上下文，并且有时会出现回答不一致或模棱两可的情况。以上这些问题是 AI 领域的研究者正在努力解决的挑战。

6）幻觉问题：“幻觉”在此特指人工智能系统所创造出的并非基于实际数据的内容，而是源于模型本身的内部构想。这一问题的根源在于缺少对实际世界知识和语境的深入理解，语言模型在解读和传达真实世界的复杂概念时遇到了困难。例如，面对查询，ChatGPT 有时会生成似乎合理却并非基于事实的信息。这些信息的产生并不是基于现实世界的准确数据，而是模型基于其已有数据进行的推测和创造。

尽管 ChatGPT 有这些局限性，但它仍然是一个强大的工具，可以帮助人们获取信息、解答问题和进行对话。同时，OpenAI 正在不断改进 ChatGPT，以减少这些问题并提高其性能。

第 37 问：Midjourney 可以用来做什么？

Midjourney 是一款基于人工智能技术的图像生成器，它可以将用户输入的关键词或者简单的线条转化为复杂的、具有艺术感的图像。同时，Midjourney 还支持用户在已有的图像上进行涂鸦、涂色等操作。相比于其他 AI 图像生成器更倾向于照片，Midjourney 更像是一种绘图工具，为用户的要求提供了更梦幻的艺术风格，让用户可以更加自由地创作和表达。正如该官方网站所述，它旨在“exploring new mediums of thought and expanding the imaginative powers of the human species”（探索新的思维媒介，拓展想象力）。

需要注意的是，Midjourney 是在聊天平台 Discord 上运行的，基于此特性，用户在使用 Midjourney 时的文本和生成的图片对于所有人可见，用户可以在 Midjourney Community Showcase 中了解其他用户的关键词和想法，用户之间想法的碰撞更容易产生新颖的创意。

Midjourney Community Showcase 如图 16 所示。

图 16 Midjourney Community Showcase

在 Discord 服务器中，输入相关指令与 Midjourney Bot 进行交互，Midjourney Bot 需要大约一分钟来产生四张符合关键词的图片，可以通过图片下方按钮进行进一步改进。U 按钮可以将图片质量升级，生成所选图片的更大版本，并添加更多细节。V 按钮可以创建所选图片的细微变化。图 17 显示了使用 Midjourney 训练图片的结果。

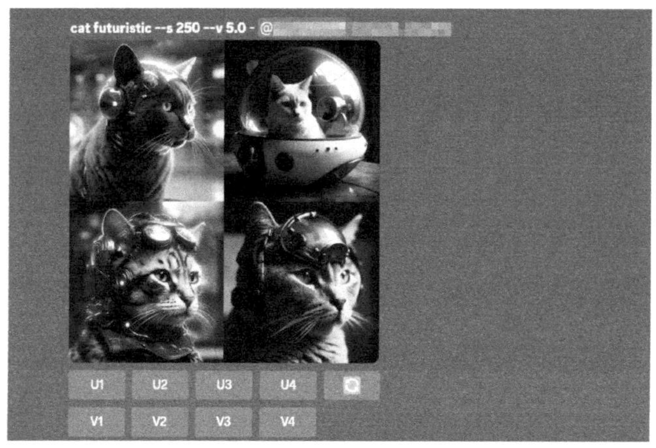

图 17　使用 Midjourney 训练图片的结果

Midjourney 的实际应用价值主要在于帮助人们在短时间内创建高质量的图片和插图，这可以在设计、艺术、广告、宣传等领域发挥重要作用。具体在以下方面有所应用。

- 广告设计：广告设计需要大量的图片和插图来吸引受众的注意力。使用 Midjourney 可以快速生成真实感良好的产品图片或者场景图片，以便广告设计师更好地展示宣传信息。
- 网页设计：随着互联网的不断发展，页面设计和美工越来越受到重视。使用 Midjourney 可以帮助网页设计师快速生成高质量图片和插图，为网站注入生命和创意。
- 修图：对于普通用户来说，Midjourney 可以用于照片修复、美颜、滤镜等方面，提高照片的质量和效果。
- 艺术创作：Midjourney 可以生成各种类型的图像，包括风景、人像、动物等，因此艺术家可以将其用于创作艺术作品，如创造他们想象中的印象派画作或风景等。

- 建筑和城市规划：建筑和城市规划师可以使用这些工具来创建建筑物或整个城市的概念设计，包括街景、建筑外观和室内装饰。

第 38 问：Stable Diffusion 可以用来做什么？

Stable Diffusion 是一种能够根据文本描述生成图像的深度学习模型，于 2022 年发布，由创业公司 Stability AI 开发和维护。它可以用来生成各种风格和主题的图像，也可以用来修改已有的图像或者填补低分辨率或者缺失细节的图像。Stable Diffusion 是一种潜在扩散模型（Latent Diffusion Model），这是一种深度生成神经网络。它的原理是通过不断地去除随机噪声，直到达到设定的步数，从而生成目标图像。在这个过程中，它会受到一个文本编码器（Text Encoder）的指导，这个编码器可以将文本描述转换成图像的语义信息。

Stable Diffusion 是开源免费的，支持文生图、图生图以及图像重绘，除了这些基础功能，目前社区还开发了各种基于 Stable Diffusion 的特色功能，比如用户可以采用 Textual Inversion 或者 Dreambooth 训练个性化生成的模型，也可以基于 ControlNet 来实现可控生成，这些扩展应用也是 Stable Diffusion 相比 Midjourney 的优势。与 Midjourney 计算全在服务器端相比，Stable Diffusion 需要在本地部署，对计算机配置有一定要求。

在百度云服务器上部署 Stable Diffusion，如图 18 所示。

图 18　在百度云服务器上部署 Stable Diffusion

第 39 问：Notion AI 可以用来做什么？

Notion 是一款集笔记、知识库、数据表格、看板、日历等多种能力于一体的应用程序，拥有网页、PC 端软件、手机端软件（Android、iOS）等不同运行环境，可以实现在任意设备上的工作管理，并且所有运行环境都是实时同步的。在此基础上，Notion 还提供了团队管理，方便项目团队进行在线协作办公，提高交互效率，促进工作的有效推进。

2022 年 11 月底，Notion 推出其 AI 服务并向用户开放预约。Notion AI 是一套基于流行的生产力应用 Notion 构建的工具。Notion AI 提供了诸如自动标签、文档摘要和任务管理等功能。它使用机器学习算法从文本中提取含义并更有效地组织信息。Notion AI 可以帮助用户在 Notion 中提高生产力，适用于学生、创意人士和其他职业的专业人士，也可以用于个人目的。

Notion AI 的应用如下。

- 总结现有内容：在用户写完一些东西后，Notion AI 可以在高级摘要中提取关键点，方便快速回顾研究或会议记录。
- 集思广益：当写作遇到卡顿时，可以使用 Notion AI 为用户的初稿生成一份草稿以供参考。
- 撰写草稿：无论是博客文章、公众号推文、电子邮件还是诗歌，Notion AI 都可以从数百万个示例中汲取灵感，为用户的写作制定一个开头。AI 生成的草稿，可能不是很好，用户可以加以润色或者让 Notion AI 继续编辑、修改，直到生成完美的终稿。
- 修复拼写和语法：Notion AI 具有内置的拼写检查和语法纠正功能，让用户无须担心拼写错误。
- 翻译内容：Notion AI 能轻松将用户的书面内容快速转换成另一种语言。

此外 Notion 能和许多第三方应用搭配使用，包括 Readwise、Google Drive、GitHub、Trello、Slack、IFTTT、Zapier 等。Notion AI 可以轻松地将从其他软件同步过来的内容进一步精简化、整理成其他形式，甚至可以在此基础上进行改写。

总之，Notion AI 为用户提供了一系列基于人工智能技术的功能，使他们能够更高效地使用 Notion 这个强大的工具。通过这些智能功能，用户可以更轻松地整理笔记、管理任务、组织知识库，从而提高工作和学习效率。

第 40 问：Codex 可以用来做什么？

Codex 是 OpenAI 公司推出的 GPT-3 的多个派生模型之一。它是基于 GPT 语言模型，使用代码数据进行 Fine-Tune（微调）而训练出的专门用于代码生成/文档生成的模型。Codex 模型参数从 12Million 到 12Billion 不等，是目前最强的编程语言预训练模型。Codex 能够帮助程序员根据函数名和注释自动补全代码、直接生成代码、自动补充测试样例，并支持多种编程语言。

OpenAI 的 CTO 和联合创始人 Greg Brockman 说，编程包括两步：第一步，认真思考一个问题并试图理解它。第二步，将这些小片段映射到现有的代码中，不管它是一个库、一个函数还是一个 API。Codex 的出现就是为了解决第二步，解放程序员的双手，让他们在第一步上花费更多时间。要让 AI 完成第二步，也需要两步，一是让 AI 能够理解程序员的想法，二是让 AI 能够将理解到的需求转化为可执行的代码。这两点对 OpenAI 来说都不陌生，其开发的 GPT-3 已经大获成功，在自然语言理解和生成上都有很强的技术积累，在创作方面，从完整的博客文章到歌曲、食谱，GPT-3 都不在话下。因此，只要有足够的语料库数据，就可以运用类似的原理训练出可以自动写代码的 Codex（事实上 Codex 就是 GPT-3 的后代），显然，存放了无数优秀代码的 GitHub 就是一个现成的语料库。2021 年 7 月，OpenAI 和 GitHub 合作开发了 GitHub Copilot，这个功能可帮助程序员自动改进或更新软件，在这个基础上，借助 GitHub 上数十亿行代码，Codex 最终获得了将英语翻译成代码的能力。

用户可以使用 Codex 执行多项任务，具体如下。

- 将注释转换为代码。
- 借助上下文完成下一行代码或者下一个函数。
- 为应用程序查找有用的库函数或 API 调用。
- 给代码添加注释。
- 重构代码，提高效率。

用 Codex 编写计算一组点的平均距离的 Python 代码如图 19 所示。

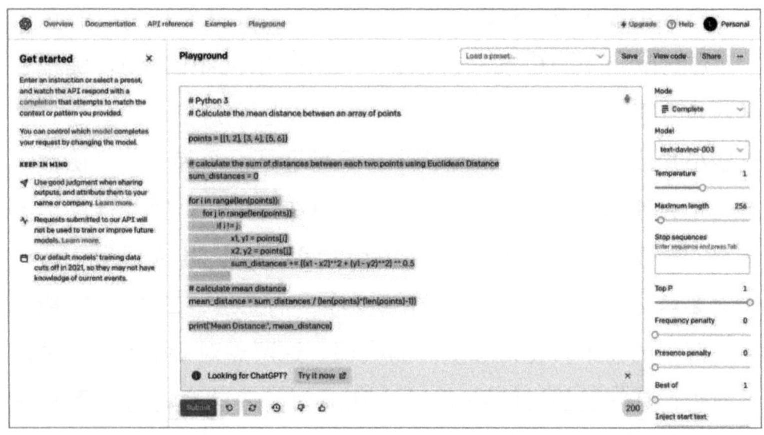

图 19　使用 Codex 编写代码

第 41 问：MedGPT 可以用来做什么？

2023 年 5 月 25 日，医联正式发布了自主研发的基于 Transformer 架构的国内首款医疗大语言模型——MedGPT。与通用型的大语言模型产品不同，MedGPT 主要致力于在真实医疗场景中发挥实际诊疗价值，实现从疾病预防、诊断、治疗、康复的全流程智能化诊疗能力，MedGPT 在医学语言理解和处理方面具有更高的准确性和效率。MedGPT 的创新之处在于，它不再是简单的 AI 问答，而是以“治愈”为目的的有效问诊。据了解，MedGPT 不仅整合了 1000 多种多模态能力，而且还实现了多个技术上的首次突破。在 532 个真实案例中，其诊断吻合率甚至超过了 97.5%。更重要的是，医联有一套独有的医疗 AI 建设方法论，可以不断提升 MedGPT 的实际医疗应用价值。目前，MedGPT 已经可以覆盖 ICD10（国际疾病分类）的 60%疾病病种，并在近期将研发重心倾斜在多发疾病，以提升数字医院的普惠率。预计在 2023 年底，可以覆盖 80%病种的就诊需求。

基于 Transformer 架构，MedGPT 可以整合多种医学检验检测模态能力，首次实现线上问诊到医学检查的无缝衔接。在问诊环节结束之后，MedGPT 会给患者开具必要的医学检查项目以进一步明确病情，患者则可以通过医联云检验等多模态能力进行检查。基于有效问诊以及医学检查数据，MedGPT 得以进行准确的疾病诊断，并为患者设计疾病治疗方案。患者可以通过医联互联网医院实现送药到家，MedGPT 会在患者收到药品后主动为患者进行用药指导与管理、智能随访复诊、康复指导等智能化疾病诊疗动作。通过多模态的打通，MedGPT 实现了预防、诊断、治疗、康复的全流程诊疗。

MedGPT 赋予了医生第三只眼睛，减少了无效诊断、误诊、漏诊；并且大部分相对来说较为初级的工作可以由 MedGPT 完成，这会大大减少医生的负担。

第 42 问：百度的文心一言有什么特点?

ChatGPT 的出现掀起了一场全球爆火的浪潮，在人工智能领域持续耕耘的百度于国内率先发力，并在 2023 年 3 月 16 日正式推出了基于百度新一代大语言模型的生成式 AI 产品——文心一言。文心一言能够与人对话互动，回答问题，协助创作，高效便捷地帮助人们获取信息、知识和灵感。文心一言是知识增强的大语言模型，基于飞桨深度学习平台和文心知识增强大模型，持续从海量数据和大规模知识中融合学习，具备知识增强、检索增强和对话增强的技术特色。相比于其他生成式 AI 产品，文心一言也有其特点。

1. 优秀的中文理解能力

生长并扎根于“中国土壤”的文心一言有着更为强大的中文

对话与理解能力。百度作为国内头部企业，对人工智能的布局最多，并具备最全的中文语料库和已积累到大量的用户数据。文心一言能够识别和理解中文语言，包括词汇、语法、语义等方面。经过大量训练后，文心一言能够准确地理解并处理中文语言输入，同时能够通过自然语言处理技术进行语义分析，以便更好地理解用户意图和回答用户问题。

2. 高质量的文本生成能力

文心一言能够生成高质量的中文文本，包括文章、新闻、对话等，其生成的文本质量较高，并且具有良好的可读性和连贯性。文心一言生成的句子和段落不仅符合语境和情感色彩，而且具有较高的质量和可读性。它的生成结果常常被用于文学创作、广告宣传、社交媒体等领域，受到了广泛的好评。

3. 强大的语料库和算法支持

文心一言拥有丰富的中文语料库和先进的机器学习算法，可以不断学习和优化自己的生成能力。同时，它还支持多种主题和风格，如诗歌、散文、新闻报道、科技文献等，能够满足不同用户的需求。

4. 多模态生成

文心一言可以根据文字输入或图片输入生成相应的图片或文字输出，并且可以生成音频和视频输出。

图 20 为文心一言内测申请页面，截至 2023 年 8 月，文心一言还在测试之中，需要申请审核才能够使用。

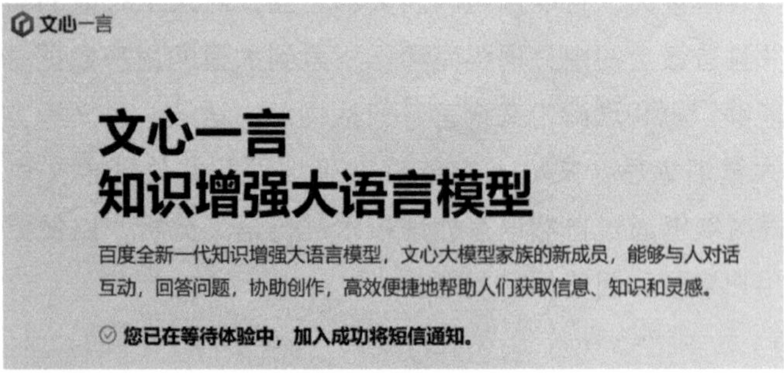

图 20　文心一言内测申请页面

第 43 问：AIGC 有哪些音乐平台？

AI 音乐开始于 1957 年由计算机生成的《伊利亚克组曲》，之后经过了很长时间的停滞，在 1993 年，又出现了运用神经网络学习模式进行和声生成的 Musact 系统，但好景不长，在这之后 AI 音乐又进入了 20 多年的相对静默期，技术一直没有大的突破。直到 2015 年起，AI 音乐技术迎来集中爆发，各种相关公司和作品层出不穷，下面为读者介绍其中比较有代表性的音乐平台。

1. AIVA

AIVA(Artificial Intelligence Virtual Artist)是一款基于人工智能的音乐合成引擎，通过深度学习大量音乐作品，AIVA 变成了音乐创作的达人。它不仅具备强大的音乐生成能力，还能与用户进行个性化交互。用户可以提供反馈和指导，让 AIVA 生成更符合自己需求的音乐作品。AIVA 通过深度学习技术和人工智能算法，创造出高品质、个性化的音乐体验，让创作者与 AI 共同塑造出令人惊艳的音乐作品。AIVA 发行了第一张专辑“Genesis”，并成为第一个正式获得 Composer 全球地位的 AI，在法国和卢森堡的作曲家协会（SACEM）下注册，其所有作品都可以以 AIVA 署名。

2. MuseNet

MuseNet 是一个深层的神经网络，它可以通过 10 种不同的乐器生成 4min 的音乐，并可以结合从乡村音乐到莫扎特再到甲壳虫乐队的风格。MuseNet 并不是根据对于音乐的理解进行编程，而是通过学习预测数十万个 MIDI 文件中的下一个标记来发现和声、节奏和风格的模式。MuseNet 使用与 GPT-2 相同的通用无监督技术。

3. Amper Music

Amper Music 是一款面向创意行业的 AI 音乐合成工具，旨在帮助用户快速创作出原创的音乐作品。用户可以选择不同的风格、节奏和音色，并在几分钟内生成完整的音乐作品。通过简单而直观的界面，Amper Music 激发了创作者们的创造力，为他们提供了一个富有想象力和表达力的音乐编织平台。

第 44 问：科大讯飞的"1+N 认知智能"大模型有什么特点？

2023 年 5 月 6 日，科大讯飞推出"1+N 认知智能"大模型——星火认知大模型。其中，"1"指的是通用认知智能大模型算法研发及高效训练方案底座平台，"N"指的是将认知智能大模型技术应用在教育、医疗、人机交互、办公、翻译等多个行业领域。它是基于 Transformer 架构的深度神经网络模型，拥有超过 1000 亿个参数，是目前世界上最大的中文预训练语言模型。讯飞星火认知大模型使用了超过 1000 亿字的中文文本数据进行训练，涵盖了新闻、百科、小说、社交媒体等多个领域和风格，能够有效地捕捉中文语言的复杂性和多样性。

讯飞星火认知大模型的主要特点和优势如下。

- 它具有强大的通用语言表示能力，可以作为多种下游任务的基础，包括机器翻译、文本摘要、情感分析、对话生成等。它在多个公开数据集上都取得了优于人类水平或接近人类水平的性能。
- 它具有丰富的中文知识库，可以理解和回答各种中文问题，包括常识、事实、逻辑等。它在中文问答数据集上都取得了显著优于其他模型的性能。
- 它具有灵活的生成能力，可以根据用户的需求和偏好生成各种类型和风格的中文文本，包括新闻、小说、诗歌、歌词等。它在中文生成数据集上都取得了高于其他模型的评分。

- 它具有开放的平台和接口，可以方便地与其他应用和服务进行集成和调用。它提供了多种形式的交互方式，包括网页端、移动端、语音端等。它还提供了多种形式的展示方式，包括图像、视频、音频等。
- 讯飞星火认知大模型已经在教育、办公、汽车、数字员工等多个领域落地应用，并将与百万开发者共建人工智能“星火”生态。

第 45 问：华为的盘古模型有什么特点?

华为的盘古模型是一种基于人工智能的大数据分析框架，具有以下特点。

- 模块化：盘古模型采用模块化的设计，可以根据具体的业务需求进行灵活配置和组合。这种模块化的设计可以提高系统的可扩展性和灵活性。
- 大数据处理：盘古模型采用分布式计算和存储技术，可以处理大规模的数据。这种技术可以帮助企业更好地管理和分析海量数据，从而提高企业的决策能力和竞争力。
- 人工智能算法：盘古模型采用各种人工智能算法，如机器学习、深度学习等，可以自动学习和优化算法。这种算法可以帮助企业更好地理解和分析数据，从而提高决策的准确性和效率。

- 业务驱动：盘古模型以业务为驱动，根据企业的具体业务需求进行设计和优化。这种业务驱动的设计可以帮助企业更好地适应市场变化，提高产品和服务的质量。
- 安全保障：盘古模型采用多重安全保障措施，可以保护企业的数据和业务安全。这种安全保障措施可以帮助企业更好地应对网络攻击和数据泄露等安全风险。

总之，华为的盘古模型是一种基于人工智能的大数据分析框架，具有模块化、大数据处理、人工智能算法、业务驱动和安全保障等特点。它可以帮助企业更好地管理和分析海量数据，提高决策的准确性和效率，从而提高企业的竞争力和市场占有率。

第 46 问：商汤日日新 SenseNova 大模型有什么特点?

商汤日日新 SenseNova 是一种基于人工智能的大型语言模型，具有以下特点。

- 大型模型：SenseNova 是商汤科技开发的一个大型语言模型，包含数十亿个参数。这种大型模型可以提高模型的准确性和泛化能力，从而更好地处理自然语言处理任务。

- 无监督预训练：SenseNova 采用无监督的预训练方法，可以自动学习语言的规律和模式。这种预训练方法可以提高模型的效率和准确性，从而更好地处理自然语言处理任务。
- 多任务学习：SenseNova 支持多任务学习，可以同时处理多种自然语言处理任务，如文本分类、情感分析、问答系统等。这种多任务学习可以提高模型的效率和泛化能力，从而更好地适应不同的应用场景。
- 预测速度快：SenseNova 具有快速的预测速度，可以在短时间内处理大量的文本数据。这种快速的预测速度可以提高模型的实时响应能力，从而更好地满足业务需求。
- 可扩展性好：SenseNova 的设计具有良好的可扩展性，可以根据具体的业务需求进行灵活配置和扩展。这种可扩展性可以提高模型的适应性和灵活性，从而更好地满足不同的应用场景。

综上所述，商汤日日新 SenseNova 是一种基于人工智能的大型语言模型，具有大型模型、无监督预训练、多任务学习、预测速度快和可扩展性好等特点，它可以更好地处理自然语言处理任务，为企业提供更好的服务和支持。

第 47 问：生成式大模型算得上是“智慧”吗？

生成式大模型，如 GPT-3.5、GPT-4、文心一言等，是基于概率的模型，它们在给定一些输入（比如一段文本）的情况下，会预测最可能出现的输出。这些模型在训练阶段会处理大量的数据，学习预测不同输出的概率分布，可以说是在特定条件下做出最优选择的模型，其方式是通过最大化某种概率分布的方式实现的。

以英语考试中的完形填空为例，学生需要根据上下文选择最合适的单词填入空格。成功完成这项任务的关键是理解上下文，并预测哪个词在语法、语义和上下文意义上最合适。生成式大模型在这种任务上通常表现出色，因为它们可以利用训练数据中的模式来预测最可能的词。然而，虽然生成式大模型在这种任务上可以展现出强大的能力，但是否可以将其称为“智慧”，就取决于人们如何定义“智慧”。

传统上，智慧通常涉及深层次的理解、临场判断能力、创造性思维、道德伦理判断、情感理解和人际交往能力等方面。在这些方面，生成式大模型目前还有许多限制。尽管这些模型可以预测语言的模式，但它们并没有真正理解语言的含义。比如，它们可以预测哪个词在语法上正确，但并不能理解这个词代表的实际概念。此外，这些模型的输出完全基于过去的训练数据，无法考虑未来的变化或特定情况的独特性，也就是说，它们不能做出临场判断。

生成式大模型在创造性、道德伦理判断以及情感理解和人际交往能力上也存在明显的缺陷。它们可以生成看似新颖的输出，但这些输出其实都是基于训练数据中已有的模式。这些模型不能创造出完全新的概念或思想，也无法做出道德或伦理判断，因为它们不具备区分对错的能力，也不理解人类的价值观和社会规则。尽管它们可以模拟人类的语言，但它们并不能理解情感的含义，也不能感受到情感，同样，它们也无法建立真正的人际关系，因为它们不具备自我意识和主观经验。

总的来说，生成式大模型在预测和生成语言模式方面展现出了强大的能力，这使得它们在某种程度上可以被视为展现了一种“机器智慧”。然而，与人类的智慧相比，这些模型在深度理解、创造性思维、道德伦理判断、情感理解和人际交往等方面还有很大的差距。因此，人们应该谨慎地看待这些模型的“智慧”，并且需要持续地研究和发展新的技术，以提升模型的理解能力和智能性，同时也需要确保模型的使用是符合道德和伦理的。

第 48 问：AIGC 在医疗行业中有什么应用？

AIGC 在医疗行业中有很多应用，如可以用于医学影像分析、疾病诊断、药物研发等方面。它可以通过学习大量医学影像数据，自动生成对病变区域的标注和描述，帮助医生更准确地诊断疾病，提高医疗效率和质量。此外，AIGC 可以通过分析已知药物的化学结构和作用机制，来预测和设计新的药物分子，帮助药企加速药物研发过程，降低研发成本；它可以提供多场景、多回合的对话能力，如指导、健康咨询和辅助决策；并且可以根据患者的基因、生活方式和病史等信息，为患者提供个性化的治疗方案，提高治疗效果；可以用于分析基因序列、蛋白质结构等生物信息，从而揭示生物过程中的关键规律，为疾病治疗提供新的思路；可以用于创建生物系统的计算模型，如模拟细胞信号传导、器官功能等过程，为研究生物过程和疾病治疗提供依据；此外还可以进行临床试验数据分析，通过生成临床试验数据分析报告帮助研究人员评估药物或治疗方法的有效性和安全性。

例如 MedGPT，它就是一个基于自然语言处理和人工智能技术的医学问答系统，具有以下几个特点。

- 医学知识库：MedGPT 基于广泛的医学知识库，包括医学文献、医学词汇、医学专家意见等。这种医学知识库可以为医生和患者提供更准确、更全面的医学信息。
- 自然语言处理：MedGPT 采用自然语言处理技术，可以理解医生和患者的自然语言输入，从而更好地回答他们的问题，从而提高系统的可用性和用户体验。
- 个性化服务：MedGPT 可以根据医生和患者的个性化需求，提供个性化的医学服务。例如，它可以根据患者的病情、年龄、性别等因素，提供相应的医学建议和治疗方案。

- 多语言支持：MedGPT 支持多种语言，包括中文和英文等。这种多语言支持可以为全球的医生和患者提供更好的医学服务。
- 科研应用：MedGPT 不仅可以用于医学问答服务，还可以用于医学科研。例如，它可以帮助医生和研究人员更好地理解医学文献，提高科研的效率和质量。

药物大模型——神农（Shennong）GPT：2023 年，湖南大学国家超级计算长沙中心研究发布了神农 GPT，它是一种中文开药用药指导大模型。通过医疗大数据的训练使语言模型具备像专业医生/药师一样的用药指导能力和不良反应预警的能力，辅助医生精准开方和辅助患者精准服药。该项目与中南大学湘雅医院、中南大学湘雅三医院、湖南省人民医院、广东省人民医院、海南省人民医院和北海市第二人民医院达成了合作。通过问答对比，在中文开药用药这一垂直领域，神农 GPT 优于 ChatGPT。

总之，AIGC 在医疗行业中有着很多应用，它可以为医生和患者提供更好的医学服务，为医学科研提供更好的支持和帮助。

第 49 问：AIGC 在直播行业中有什么应用？

AIGC 在直播行业中有很多应用，以下是一些具体的应用场景。

- 实时内容生成：AIGC 可以实时生成图形、动画和特效，为直播节目增加吸引力。例如，AIGC 可以根据直播内容自动生成弹幕、评论互动等元素，提高观众参与度。

- 虚拟角色和场景：AIGC 可以帮助创建虚拟角色和场景，让主播在直播过程中与虚拟角色互动，或者在虚拟场景中进行直播，这可以为直播节目增加趣味性和创意。例如，虚拟主播构建虚拟货场进行实时直播互动、对商品进行快速 3D 构型，AIGC 技术以低成本多感官交互的沉浸式购物体验迅速提高商品交易总额。
- 人脸识别和追踪：AIGC 可以实时识别和追踪主播的面部表情和动作，将这些信息用于生成实时特效，如面部滤镜、动态贴纸等。
- 语音识别和转换：AIGC 可以实时识别主播的语音，将其转换成文字或其他语言，方便观众理解。同时，AIGC 还可以实现语音转换，让主播在直播过程中模仿不同的声音和角色。
- 数据分析和推荐：AIGC 可以分析直播内容和观众行为，为主播提供实时反馈和建议，帮助他们优化直播表现。此外，AIGC 还可以根据观众的喜好推荐相关直播内容，提高观众黏性。

总之，AIGC 在直播行业中的应用可以提高直播内容的质量和观众体验，为直播行业带来更多创新和发展机会。

第 50 问：AIGC 在设计行业中有什么应用?

AIGC 技术可以用于生成和优化各种设计元素，如颜色、形状、图案、布局和字体等。通过分析大量颜色数据，可以使用 AIGC 技术来生成配色方案。使用 AIGC 技术可以节省设计师的时间和精力，并生成更具创意和个性化的配色方案。它可以帮助设计师更高效地完成各种任务，提高设计质量和创新性。以下是一些 AIGC 在设计行业的具体应用。

- 自动化设计：AIGC 可以根据设计师的需求和参数自动生成设计方案，大大减少了设计师的工作量。例如，它可以自动为建筑师生成建筑结构的草图，或者为平面设计师生成排版方案。
- 图像识别和处理：AIGC 可以识别和处理各种图像，帮助设计师快速找到所需的素材。例如，它可以识别图片中的物体和场景，然后根据设计师的需求自动进行调整和优化。
- 三维建模和渲染：AIGC 可以帮助设计师快速创建三维模型，并进行高质量的渲染。这对于建筑设计、产品设计和游戏设计等领域非常有用。
- 个性化设计：AIGC 可以根据用户的喜好和需求生成个性化的设计方案。例如，它可以为用户生成个性化的家居设计、服装设计或者网站设计。

- 数据可视化：AIGC 可以将大量复杂的数据转化为直观的图表和图像，帮助设计师更好地理解和展示数据。这对于商业分析、科学研究和政策制定等领域非常重要。
- 虚拟现实和增强现实：AIGC 可以为虚拟现实和增强现实应用提供强大的支持，帮助设计师创建沉浸式的体验。这对于游戏设计、教育培训和医疗等领域具有很大的潜力。
- 设计优化：AIGC 可以通过分析设计方案的性能和效果，为设计师提供优化建议。这可以帮助设计师提高设计质量，降低成本和环境影响。

总之，AIGC 在设计行业中的应用非常广泛，它可以帮助设计师提高工作效率，创造更具创新性和价值的设计。然而，AIGC 并不能完全替代人类设计师，它是一个强大的辅助工具，可以帮助设计师更好地发挥他们的创造力和专业技能。

第 51 问：AIGC 在办公场景中有什么应用?

AIGC 可以在办公场景中应用于许多方面，示例如下。

- 智能客服：AIGC 可以接受客户的求助信息，快速识别客户的需求并给予相应的回复或建议。这可以提高客户满意度，减轻客服的工作压力。
- 自动化流程：AIGC 可以替代部分重复性劳动，如填写表格、处理发票等。这可以提高工作效率，并减少人力成本。

- 数据分析：AIGC 可以对大量的数据进行自动分析和处理，提供有价值的数据报告和参考意见，帮助企业更好地了解市场和客户需求。
- 语音识别：AIGC 可以进行语音识别和理解，可以被应用于电话客服、会议记录等场景中，提高对话质量和记录效率。
- 营销推广：AIGC 可以基于客户的历史交互数据和偏好来进行个性化的营销推广，提高营销效果。
- 聊天机器人：AIGC 可以被用作聊天机器人，与客户进行自然语言对话，提供支持、解答问题、提供建议等服务。
- 资源管理：AIGC 可以用于管理公司各部门资源的调配，如人力资源、财务部门、物流等，以便更好地控制成本和提高效率。
- 预测性分析：AIGC 可以对公司未来的发展趋势进行预测性分析，以便制定更好的商业策略。

总之，AIGC 技术可以应用于各种不同的办公场景中，提高效率、降低成本、提高客户满意度并创造更多商业价值。

第 52 问：AIGC 如何影响内容创作行业？

AIGC 对内容创作行业产生了很大的影响，主要体现在以下方面。

- 提高生产效率：AIGC 可以帮助内容创作者快速生成文章、

博客、脚本等初稿，从而节省时间和精力。例如，可以确定主题后，使用文心一言写抖音的视频模板，包括但不局限于视频背景音乐的选择、镜头需要拍摄的内容。

- 个性化内容：AIGC 可以根据用户的兴趣和需求生成定制化的内容，提高用户体验和满意度。抖音和哔哩哔哩用户的黏性很高，其重要原因就是内容的推荐。平台可以根据用户的行为分析出用户的画像，来确定用户的喜好。
- 语言翻译和本地化：AIGC 可以帮助内容创作者快速翻译和本地化自己的作品，从而扩大受众范围。例如，我国的玄幻小说在国外很受欢迎，某海外贴吧上就有《斗破苍穹》的专门页面。可以使用 AIGC 将我国悠久的历史背景下创作的文学作品本地化，使其更加适合国外读者的口味，以便于理解和传播。
- 创意拓展：AIGC 可以为创作者提供新的创意和灵感，帮助他们拓展思维，创作出更多有趣和独特的作品，在视觉艺术（如插画）设计领域，AIGC 有能力自动创作出符合各种主题和风格的作品，从而激发设计师的创新思维；在音乐创作环节，AIGC 可以依据用户提供的简单旋律，创作出多样化的乐曲和节奏；在视频制作过程中，AIGC 可以快速地实现多样的视觉效果供用户选择。
- 内容策划和优化：AIGC 可以快速分析大量数据，这是人类所做不到的。通过大量的数据分析可以得到最新最热的流行趋势和热点关键词，用户再通过热点和流行趋势结合需求进行内容的优化。

然而，AIGC 也带来了一些挑战，如内容质量、版权问题和人工智能道德问题。因此，在利用 AIGC 改变内容创作行业的同时，也需要关注这些潜在问题。

第 53 问：学生如何通过 AIGC 提高学习效率？

学生可以通过使用 AIGC 来提高学习效率，具体方法如下。

- 个性化学习资源：AIGC 可以根据学生的学习需求和兴趣以及学生的水平和进度生成定制化的学习资料，如教材、练习题和案例研究，做到因材施教和自适应教育，从而提高学习兴趣和效果。
- 自动批改作业：AIGC 可以帮助学生自动批改作业，提供及时的反馈和建议，使学生能够迅速了解自己的错误并进行改进。
- 生成学习笔记：AIGC 可以帮助学生整理课堂笔记，自动生成重点、概念和例子，方便学生复习和巩固知识。
- 模拟考试：AIGC 可以根据学生的学习进度和能力生成模拟考试题目，帮助学生检测自己的知识掌握情况并进行针对性的复习。
- 在线辅导：AIGC 可以作为一个智能辅导系统，根据学生的问题提供实时的解答和建议，提高学生的学习效率，做到个性化辅导和针对性提高。通过这些方法，学生可以利用 AIGC 提高学习效率，更好地掌握知识和技能。

- 智能搜索：AIGC 可以帮助学生快速找到他们需要的信息。学生可以使用 AIGC 进行智能搜索如图 21 所示，以获得有关他们正在学习的主题的更多信息。例如，New Bing 中的聊天功能，学生可以通过输入框输入想了解的问题，New Bing 提供了对应的网址。

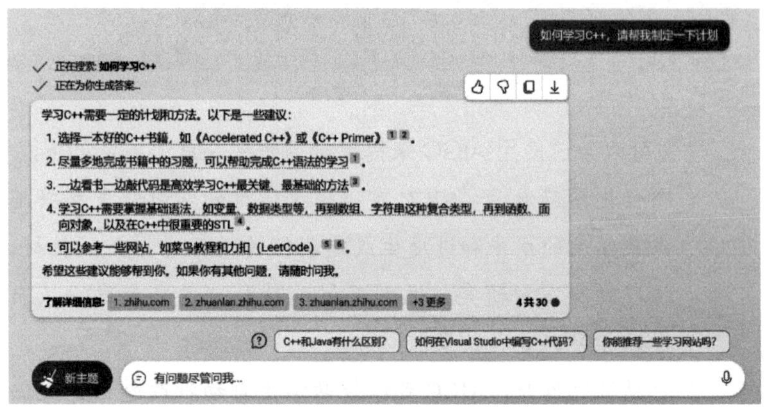

图 21　使用 AIGC 进行智能搜索

第 54 问：如何通过 AIGC“赚钱”？

AIGC 的应用开发需要大量的投入，因此，理解 AIGC 的商业模式以及如何实现变现是非常重要的。以下是 AIGC 可以实现营收的五种主要方式，也是其商业模式的体现。

1. MaaS

MaaS 是一种将机器学习模型作为服务进行部署和使用的方式。在这种模式下，机器学习模型被部署在云端或者服务器上，然后通过 API 接口对外提供服务。用户或者客户端可以通过发送请求到这个 API 接口，利用这个模型进行预测或者其他的机器学习任务。

适用于底层大模型和中间层进行变现，按照数据请求量和实际计算量计算。

2. 按产出内容量收费

适用于应用层变现，如按图片张数、请求计算量、模型训练次数等收费。该模式的关键在于如何从单次好奇驱动的行为切入，保证产品长期的复购率。

按照这种收费模式营收的公司有以下几个。

- Writesonic：Writesonic 提供了多种定价方案。每个用户每个月可以免费使用 1 万个单词的 GPT-3.5。针对个人用户的“Unlimited”订阅每月需要 20 美元，可以无限制使用 GPT-3.5。“Business”订阅可以供多个用户同时使用 GPT-3.5 或 GPT-4。“Business”的订阅价格为每月 19~499 美元，从最低每个月 20 万个单词和 1 个用户到每月 6000 万个单词到 8 个用户。
- Artbreeder：Artbreeder 是一个 AI 驱动的艺术创作平台，它的定价方案是基于用户每月使用的“credits”。每个“credit”可以用来生成一张图片。它的“Starter Plan”每月收费 8.99 美元，提供 100 个 credit。

3. 软件订阅付费

第三种模式即 ChatGPT Plus 现有的盈利方式之一：每月向用户收取 20 美元费用。该模式在现有市场占有 10%左右的比例。除了 ChatGPT 外，这种营收模式的公司有以下几家。

- Jasper：Jasper 是一款出色的 AI 内容生成器，拥有超过 52 种短篇和长篇写作模板。Jasper 提供了多种灵活的定价计划，价格从每月 39 美元的创作者到定制的商业计划。
- Copysmith：Copysmith 旨在帮助品牌和企业实现他们的内容目标。Copysmith 的定价为每月 19 美元。

这意味着 AI 正以越来越显性的方式产生商业模式。国内部分领先的 AIGC 公司，在用户规模、内容生成量上于 2022 年亦快速起步，2023 年开始产生营收及盈利并非难事，但能否形成 SaaS 订阅模式尚待观察。

4. 模型定制训练费用

该模式即最为传统的项目开发制度。当客户需要一个特殊的、适应他们特定需求的人工智能生成模型时，AI 开发者根据客户的需求进行个性化定制和开发，然后向客户收取相关费用。这种费用通常取决于开发的难度、所需的时间以及所涉及的资源等因素。定制开发可以让 AI 模型更好地适应客户的特定需求和场景，从而提供更高质量和更符合要求的生成内容。但是，这也可能会增加开发和维护成本，因此通常需要更高的费用。

5. 其他模式

除了上述模式外，广告/流量模式也是主要的营收模式。AIGC 应用通过免费的模式先吸引大批量用户，增加平台的访问量。这通常需要通过提供高质量、有价值或吸引人的内容，以及优秀的用户体验来实现。当平台获得高访问量后，可以在适当的位置展示广告。这些广告可能有各种来源，包括直接的广告商、广告联盟或广告网络。广告的形式也可以多样化，如横幅广告、插播广告、推荐内容广告等。这种模式下，用户可以免费使用应用或平台，而平台则通过展示广告来获得收入。

第 55 问：国内外有哪些公司在布局 AIGC？

AIGC 作为现在最炙手可热的技术，国内外很多公司都在抓紧布局。以下是一些在布局 AIGC 的公司。

1）网达软件作为始终专注于大视频领域的视频智能化软件提供商，持续支撑亿级业务系统，目前公司致力于视频智能化技术研发，将 AIGC 功能融入食品生产发布平台业务中。

2）百度公司基于文心大模型推出了“文心一言”，为自己在 AIGC 领域扎住了脚跟。文心大模型是目前世界上最大规模、最先进水平、最具中文特色和应用价值的预训练语言模型之一。它拥有超过 1000 亿个参数，并利用百度海量数据资源进行训练优化。

3）腾讯“绝悟”是腾讯公司开发的 AI 多智能体与复杂决策开放研究平台，依托腾讯 AI Lab 和“王者荣耀”在算法、算力、实验场景方面的核心优势，是为学术研究人员和算法开发者开放的国内领先、国际一流研究与应用探索平台。

4）“鹿班”是由阿里巴巴智能设计实验室自主研发的一款设计产品，基于图像智能生成技术，可以改变传统的设计模式，使其在短时间内完成大量横幅广告图、海报图和会场图的设计，提高工作效率。

5）网易“伏羲”是网易旗下专业从事游戏与泛娱乐 AI 研究和应用的顶尖机构，成立于 2017 年，拥有数字人、智能捏脸、AI 创作、AI 反外挂、AI 对战匹配、AI 竞技机器人等多项行业领先技术，发表 80 余篇人工智能顶会论文，提交 230 多项专利，服务于 100 多家客户，应用日均调用上亿次。

6）谷歌在 I/O 大会上发布其最新的人工智能语言模型“PaLM 2”，正式向 OpenAI 的 GPT-4 等竞争对手发起挑战。谷歌称，PaLM 2 已被用于支持自家的 25 项功能和产品，其中包括 AI 聊天机器人 Bard 以及谷歌文档、幻灯片和工作表等，相比于 PaLM 1，新版本升级了多语言、推理和编码能力，将为 25 种谷歌产品提供支持，在多语言能力方面，PaLM 2 进行了更多训练，文本横跨 100 多种语言，很大程度上提高了其理解、生成和翻译细微差异化文本的能力。

7）微软亚洲研究院发布了“女娲”多模态生成基础模型。该模型可以根据给定的文本、图像或视频输入生成高质量的图像和视频。女娲无限是一种用于无限视觉合成的生成模型，定义为生成任意大小的高分辨率图像或长时间视频的任务。

第 56 问：爆火的 AIGC 是不是泡沫？

AIGC 在 OpenAI 发布 ChatGPT 3. 5 后又掀起了一场高潮，从微软的 Copilot，再到国内百度的文心一言，各行业巨头们都争先恐后地布局 AIGC。

AIGC 技术在众多领域具有广阔的应用空间，并且潜藏着巨大的商业机遇。从智能客户服务、精细化营销、智能金融到高端制造，AIGC 技术都能为效能提升和业务创新提供助力。比如，借助于 AIGC，可以实施用户特征建模、行为预测、个性化推荐等策略，进一步优化广告效果和市场宣传效果。例如，阿里巴巴的推荐引擎和腾讯的广告营销平台，都是依赖 AIGC 技术打造的，它们助力企业提升市场效应和投资收益。

在高端制造业领域，AIGC 技术也具有极大的应用价值，可以实施生产过程优化、故障预警、智能检测等任务，提高生产效率和质量。华为智能工厂便是一个实例，其基于 AIGC 技术构建的智能制造平台，通过大数据分析和智能算法优化生产流程，提高生产效率，降低生产成本。因此，可以断言，AIGC 是一片仍待开发的新蓝海。

然而，人们也需要明了，AIGC 技术是一个既有机遇又有挑战的领域。虽然 AIGC 技术在多领域展示出了巨大的潜在应用，但其商业化路径仍在摸索阶段。很多公司投入了大量资金和人力资源进行 AIGC 的研究和应用，但并不是所有的公司都能找到适合其自身状况的商业模式，真正实现技术的商业化。

除此之外，AIGC 技术的发展还需要相应的法律和道德规范。由于 AIGC 技术涉及大量个人数据和隐私，因此需要有相应的法律和道德规范来保护用户的权益，防止数据滥用和隐私侵犯。这也是 AIGC 技术发展的一个重要方向。

总的来说，AIGC 并不是泡沫。AIGC 技术的未来充满希望，但也存在挑战。人们需要以开放和包容的态度来迎接这一技术革新，积极面对其中存在的问题和挑战，逐步推动其向着更加成熟和完善的方向发展。同时，人们也应当认识到，人工智能生成并非万能，它的发展需要持续的技术投入，需要良好的商业环境，也需要伴随着合理的法律和道德规范。只有这样，人们才能充分挖掘和利用 AIGC 技术的潜力，为社会带来更大的价值。

第 57 问：AIGC 的未来发展趋势如何？

从目前 AIGC 的发展来看，AIGC 还有很长的路需要走，未来需要在以下方面进行加强。

- 大模型在移动端的部署和轻量化：近年来，人们看到了大型语言模型的出现，如 OpenAI 的 GPT-3，它具有 1750 亿个参数。这些大模型由于其庞大的规模和能力，能够生成极其逼真和高质量的文本内容。然而，大模型的计算成本很高，这促使了轻量化模型的开发，以在保持性能的同时减少资源消耗。此外，边缘计算的应用允许将 AI 模型部署到边缘设备（如智能手机和 IoT 设备）上，以减少延迟并提高数据处理速度。

- 多模态 AIGC 的发展：多模态深度学习技术是 AIGC 领域的一个重要发展方向。通过融合和整合图像、语音、文本等多种数据类型，可以提高 AIGC 系统的识别和理解能力，实现更加智能化和高效的应用。目前，AIGC 的应用主要集中在单个领域，如文本的 ChatGPT、图像的 DALL-E、视频的 VQ-VAE 等。然而，这些应用尚未实现真正意义上的多模态融合，这是未来的发展方向。
- 特定知识领域的微调和个性化内容生成：目前的 AIGC 大模型主要使用通用数据进行训练，没有对特定领域的知识进行深入学习。通过微调和迁移学习，这些模型可以在特定任务上进行优化，以在特定领域（如医学或法律）生成更相关和准确的内容。同时，AI 模型也能够根据用户的偏好和行为生成个性化的内容，如推荐系统、个性化新闻摘要等。
- 增加 AIGC 的可解释性：AIGC 的可解释性是一个复杂的问题，因为它涉及 AI 模型的内部工作原理和决策过程。一些简单的 AI 模型，如决策树和线性回归，通常具有较好的可解释性，因为它们的决策过程和结果可以直观地理解。然而，一些复杂的 AI 模型，如深度学习模型，通常具有较差的可解释性，因为它们的决策过程涉及大量的计算和非线性变换，这使得模型的决策过程和结果难以理解。然而，研究人员正在努力开发新的技术和方法，以提高这些模型的可解释性。总的来说，AIGC 的可解释性取决于使用的 AI 模型和技术。虽然当前的 AIGC 可能具有较差的可解释性，但可以期待未来的 AIGC 将具有更好的可解释性。

- AIGC 大模型的保护和安全性：AIGC 大模型训练消耗的资源非常大，很多公司的大模型都不开源。已经有研究指出，使用中等规模的模型部分窃取大模型在特定任务上的性能是可行的。这提出了对 AIGC 大模型的保护和安全性的重要考虑。未来，保护 AIGC 大模型的安全和防止模型窃取将成为一个关键问题。

总的来说，AIGC 领域正经历着技术和应用层面的快速发展。大模型的出现和轻量化技术的发展为内容生成提供了强大的能力，而多模态深度学习则拓宽了 AIGC 的应用范围。同时，特定领域的微调和个性化内容生成满足了更加精细化的需求。然而，随着技术的进步，AIGC 系统的可解释性和安全性也成为必须解决的问题。在继续推动 AIGC 的技术和应用发展的同时，也需要密切关注其潜在的挑战和问题。

第 58 问：AIGC 自身面临哪些问题？

AIGC 可能面临的问题主要包括以下几个方面。

- 数据隐私和安全：AIGC 通常需要大量的数据来训练和优化 AI 模型，这可能涉及用户的个人信息，如姓名、地址、购物记录等。如果这些信息被泄露或被不当使用，可能会对用户的隐私和安全造成威胁。更进一步来说，如果这些数据被用于恶意的目的，比如欺诈或者网络攻击，那么后果将更为严重。因此，AIGC 领域需要更加注重数据安全和隐私保护，可能需要采用更先进的加密技术和隐私保护政策来保护用户的信息。
- 算法偏见：AI 模型的预测结果可能会受到训练数据的影响。如果训练数据存在偏见，那么模型的预测结果也可能存在偏见。这可能会导致一些不公平的结果，如性别歧视、种族歧视等。另外，这也可能导致人工智能生成的内容不准确或者不客观，可能会误导公众，甚至引发社会的不稳定。因此，AIGC 领域需要不断地进行模型审查和纠正，以减少算法偏见。
- 模型可解释性：AI 模型，特别是深度学习模型，通常很难解释。这可能会导致一些问题，如模型的预测结果不可信或者模型的错误难以纠正。而在一些重要的场景下，比如医疗和司法，模型的可解释性是至关重要的。如果模型的预测结果不能被解释，那么这可能会导致严重的后果，如误诊和判决错误。因此，AIGC 领域需要更多的研究来提高模型的可解释性。
- 技术依赖性：随着 AI 技术的发展，公司可能越来越依赖这些技术。如果这些技术出现问题或者无法满足公司的需求，可能会对公司的运营造成影响。例如，如果模型的性能下降或者模型无法处理新的数据类型，那么公司的业务可能会受到损失。因此，AIGC 领域需要持续地进行技术更新和优化，以适应变化的环境。

- 法规风险：随着 AI 技术的发展，各国政府可能会出台更多的法规来规范 AI 的使用。这可能会对 AIGC 领域的发展造成影响。

第 59 问：是否已经存在 AIGC 规范准则？

尽管 AIGC 带来了诸多机遇和潜力，但它的发展也伴随着一些危机和隐患。因此一些规范准则被提出用于 AIGC 的规范使用。AIGC 面临着以下问题。

- 数据安全和隐私问题：AIGC 系统通常需要大量的数据来训练和改进。在这个过程中，如果没有合适的保护措施，用户的个人数据可能被泄露，这可能对个人隐私造成严重的威胁。另外，如果数据被不恰当地使用，如用于欺诈或者针对特定个体的攻击，这也是一个大问题。
- 伦理问题：AI 生成的内容可能带来一些伦理问题。例如，人工智能生成的文本或图像可能被用于构造虚假新闻或深度伪造，这可能对社会产生负面影响。此外，AI 生成的内容可能存在偏见或歧视，这是因为它们通常会反映训练数据中的偏见。

- 法律责任问题：当 AI 生成的内容导致问题时，如何确定法律责任是一个复杂的问题。例如，如果 AI 生成的内容侵犯了他人的版权或者导致了商业损失，那么应该由谁承担责任？

国家互联网信息办公室在 2023 年 4 月发布了《生成式人工智能服务管理办法（征求意见稿）》（以下简称《征求意见稿》）公开征求意见的通知，共有二十一条意见。其中比较重要的几条意见如下。

第四条 提供生成式人工智能产品或服务应当遵守法律法规的要求，尊重社会公德、公序良俗，符合以下要求：

（一）利用生成式人工智能生成的内容应当体现社会主义核心价值观，不得含有颠覆国家政权、推翻社会主义制度，煽动分裂国家、破坏国家统一，宣扬恐怖主义、极端主义，宣扬民族仇恨、民族歧视，暴力、淫秽色情信息，虚假信息，以及可能扰乱经济秩序和社会秩序的内容。

（二）在算法设计、训练数据选择、模型生成和优化、提供服务等过程中，采取措施防止出现种族、民族、信仰、国别、地域、性别、年龄、职业等歧视。

（三）尊重知识产权、商业道德，不得利用算法、数据、平台等优势实施不公平竞争。

（四）利用生成式人工智能生成的内容应当真实准确，采取措施防止生成虚假信息。

（五）尊重他人合法利益，防止伤害他人身心健康，损害肖像权、名誉权和个人隐私，侵犯知识产权。禁止非法获取、披露、利用个人信息和隐私、商业秘密。

第五条　利用生成式人工智能产品提供聊天和文本、图像、声音生成等服务的组织和个人（以下称“提供者”），包括通过提供可编程接口等方式支持他人自行生成文本、图像、声音等，承担该产品生成内容生产者的责任；涉及个人信息的，承担个人信息处理者的法定责任，履行个人信息保护义务。

第七条　提供者应当对生成式人工智能产品的预训练数据、优化训练数据来源的合法性负责。

用于生成式人工智能产品的预训练、优化训练数据，应满足以下要求：

（一）符合《中华人民共和国网络安全法》等法律法规的要求；

（二）不含有侵犯知识产权的内容；

（三）数据包含个人信息的，应当征得个人信息主体同意或者符合法律、行政法规规定的其他情形；

（四）能够保证数据的真实性、准确性、客观性、多样性；

（五）国家网信部门关于生成式人工智能服务的其他监管要求。

第十八条　提供者应当指导用户科学认识和理性使用生成式人工智能生成的内容，不利用生成内容损害他人形象、名誉以及其他合法权益，不进行商业炒作、不正当营销。

国家互联网信息办公室等七部门于 2023 年 7 月 13 日联合发布了《生成式人工智能服务管理暂行办法》（以下简称《办法》），并于 8 月 15 日正式施行，这是我国首个针对生成式人工智能产业的规范性政策。该政策不仅规范了 AIGC 技术的使用，更是引导和鼓励创新。通过该政策的第二章的几条规定可以看出，国家对 AIGC 技术的肯定与支持。

第五条 鼓励生成式人工智能技术在各行业、各领域的创新应用，生成积极健康、向上向善的优质内容，探索优化应用场景，构建应用生态体系。

支持行业组织、企业、教育和科研机构、公共文化机构、有关专业机构等在生成式人工智能技术创新、数据资源建设、转化应用、风险防范等方面开展协作。

第六条 鼓励生成式人工智能算法、框架、芯片及配套软件平台等基础技术的自主创新，平等互利开展国际交流与合作，参与生成式人工智能相关国际规则制定。

推动生成式人工智能基础设施和公共训练数据资源平台建设。促进算力资源协同共享，提升算力资源利用效能。推动公共数据分类分级有序开放，扩展高质量的公共训练数据资源。鼓励采用安全可信的芯片、软件、工具、算力和数据资源。

《办法》与《征求意见稿》相比，不只是对技术应用的规范指导，更是对生成式人工智能进步与创新的积极鼓励。《办法》的发布充分体现了我国对此技术的认可和支持，预示着 AIGC 技术未来的繁荣与广泛应用。

除此之外，抖音就在 2023 年 5 月 9 日针对人工智能生成内容提出 11 条行业倡议，倡议称：人工智能技术的快速发展，为互联网行业带来了更多可能性。尤其在内容创作领域，生成式人工智能技术降低了创作的门槛，丰富了互联网内容生态，为信息生产和传播带来了新的变革和机遇。但与此同时，人工智能生成内容存在识别难的特点，也带来了虚假信息、侵权等问题。

1）抖音以人为本，新技术辅助的创作应该尊重并充分保障个人权益。

2）抖音鼓励创作优质内容，禁止发布违规内容，无论该内容是否采用新技术辅助创作。

3）抖音坚持真实美好，新技术辅助的创作应该避免虚假信息的生产传播。

4）发布者应对人工智能生成内容进行显著标识，帮助其他用户区分虚拟与现实，特别是易混淆场景。

5）发布者需对人工智能生成内容产生的相应后果负责，无论内容是如何生成的。

6）虚拟人需在平台进行注册，虚拟人技术使用者需实名认证。

7）禁止利用生成式人工智能技术创作、发布侵权内容，包括但不限于肖像权、知识产权等。一经发现，平台将严格处罚。

8）禁止利用生成式人工智能技术创作、发布违背科学常识、弄虚作假、造谣传谣的内容。一经发现，平台将严格处罚。

9）平台将提供统一的人工智能生成内容标识能力，帮助创作者打标，方便用户区分。

10）平台将提供虚拟人的注册能力，并对已注册的虚拟人形象进行保护。

11）平台将提供用户反馈渠道，方便用户反馈违规生成内容。

无论是国家互联网信息办公室还是抖音都提倡在推动 AIGC 技术的发展的同时，人们也需要关注一些问题，以确保 AI 生成能在尊重人权、保护隐私、遵守伦理原则的前提下，为人类社会带来真正的价值。

第 60 问：AIGC 的发展会抢了工作机会吗？

2023 年初，ChatGPT 红极一时，让人们看到了 AI 的未来，但是也真真切切地对各行各业现有的工作岗位产生冲击。霍金在展望人类与人工智能的未来时曾说："我们站在一个美丽新世界的入口。这是一个令人兴奋的、同时充满了不确定性的世界，而你们是先行者。我祝福你们。"

处于 AI 发展的新时代的我们，正如 19 世纪的人们面临工业时代的到来。在工业时代，尤其是在工业革命以及之后的工业自动化阶段，有许多工人因为技术进步和产业结构调整而被迫下岗。主要的原因可以归纳为以下几点。

- 自动化和机械化：随着科技的发展，越来越多的机器和自动化设备开始被应用到生产线上。这些设备可以更快、更准确地完成人工难以完成或者效率低下的工作，从而降低了对人力的需求，导致一部分工人失去了工作。
- 生产效率的提升：在工业时代，因为科技进步和管理方法的改进，生产效率大大提升。每一个工人可以产出的产品数量大幅度增加，这也减少了对工人数量的需求，一部分工人可能因此而被裁员。
- 产业结构的调整：在工业时代，随着经济的发展和社会的进步，很多产业开始进行结构调整，比如从重工业向轻工业、服务业转变。这种转变也可能导致一部分工人因为技能不匹配而失业。

- 全球化和外包：随着全球化的推进，很多工厂开始将生产线转移到劳动力成本较低的国家或地区，导致一部分工人失去了工作。

随着 AIGC 的发展，新的时代也将来临，其已经被应用在了许多不同的领域，例如，新闻和内容生成、图像和视频生成、游戏开发、商业决策、音乐和艺术创作、虚拟助手和客服。还可以应用在医学领域，生成病历报告、诊断结果或治疗建议，甚至可以帮助设计新的药物或治疗方案。这只是 AIGC 的一些应用领域，随着技术的发展，可以预期，AIGC 将会被应用到更多更广泛的领域，与此同时，很多岗位同样会被替代。

然而，值得注意的是，虽然工业时代确实有一部分工人被下岗，但新的就业机会也随之产生。比如，服务业、信息技术行业等新兴产业的发展，为失业的工人提供了新的就业机会。此外，政府和社会也会通过教育和培训等方式，帮助这些失业的工人提升技能，适应新的工作需求。简而言之，人们需要把 AIGC 看作一个工具、一种技术，需要尽快适应 AIGC 的到来，并且学会使用 AIGC 辅助工作，这样才不会被 AIGC 替代。

第 61 问：AIGC 带来了哪些新的职业机会？

随着人工智能和机器学习的快速发展，AIGC 已经产生了多种新的职业机会，如提示词工程师、AIGC 算法工程师和数据科学家。这些新兴的角色要求具备专业知识，并能够针对 AIGC 的特定需求和挑战提供解决方案。从技术的易到难分别是：提示词工程师、AIGC 算法工程师和数据科学家。

1. 提示词工程师

提示词工程师：首先“提示词”（Prompt）通常指的是用于引导 AI 模型进行特定任务或回答特定问题的输入语句或问题。提示词的设计和选择对于模型的性能和准确性有着重要的影响。

这个角色的主要职责是设计和优化用于训练 AI 模型的提示词，以提高模型的性能和准确性。提示词工程师的工作如下。

- 优化模型性能：提示词工程师可以通过设计高质量的提示词，帮助 AI 模型更好地理解和解决复杂的问题，从而提高模型的性能。
- 提高模型准确性：通过精心设计的提示词，提示词工程师可以帮助模型更准确地理解和预测数据，从而提高模型的准确性。
- 解决特定问题：提示词工程师可以根据特定的问题或任务，设计特定的提示词，以帮助模型更好地解决这些问题或完成这些任务。
- 提高模型的可解释性：通过设计易于理解的提示词，提示词工程师可以帮助提高模型的可解释性，使得人们更容易理解模型的工作原理和预测结果。
- 提高模型的公平性和道德性：提示词工程师可以通过设计公平和道德的提示词，帮助模型避免偏见和歧视，从而提高模型的公平性和道德性。

总的来说，提示词工程师在 AI 和 ML 领域中扮演着重要的角色，他们通过设计和优化提示词，帮助提高 AI 模型的性能、准确性、可解释性、公平性和道德性。

2. AIGC 算法工程师

AIGC 算法工程师需要的技能如下。

- 模型设计：他们可能会设计和实现各种类型的 AI 模型。
- 训练算法：他们可能会设计和实现用于训练 AI 模型的算法，如反向传播、梯度下降、遗传算法等。
- 优化算法：他们可能会设计和实现用于优化 AI 模型性能的算法，如模型剪枝、参数调优等。
- 生成算法：在一些情况下，他们可能会设计和实现用于生成新的 AI 模型或算法的算法。这可能涉及一些先进的技术，如神经网络架构搜索（NAS）。

这是一个在 BOSS 直聘上 AIGC 算法工程师的招聘要求：需要负责 AIGC+图像的算法研究，包括但不限于 GAN、Diffusion Model（扩散模型）、多模态生成等研发工作，助力 AIGC 内容生态。

AIGC 算法工程师需要学习的东西很多，具有一定的门槛，但是需求量大并且薪资高。例如拉勾招聘发布了一篇《2023 第一季度 AIGC 人才供需报告》：2023 年 3 月，AIGC 人才岗位需求量环比增加 42%，其中，25%的 AIGC 算法工程师岗位月薪超 6.8 万元。

3. 数据科学家

数据科学家在 AIGC 中扮演着重要的角色。他们的工作主要涉及以下几个方面。

- 数据收集：他们可能需要收集大量的数据，这些数据可能有各种来源，如公开的数据集、公司内部的数据、用户生成的数据等。这些数据可能包括文本、图像、音频、视频等各种类型。
- 数据清洗和预处理：收集到的数据可能包含噪声、缺失值、异常值等问题，数据科学家需要使用各种技术来清洗和预处理数据，以确保数据的质量。
- 数据分析：数据科学家需要使用各种统计和机器学习技术来分析数据，以发现数据中的模式和趋势。这可能涉及一些复杂的技术，如聚类分析、主成分分析、时间序列分析等。
- 数据可视化：数据科学家可能需要创建各种图表和图像来可视化数据，以帮助其他人更好地理解数据。
- 数据解释：数据科学家需要能够解释他们的分析结果，以帮助公司做出更好的决策。这可能涉及一些复杂的问题，如解释机器学习模型的预测结果、评估数据分析的准确性和可靠性等。

在 AIGC 领域中，数据科学家的工作尤为重要，因为这些领域需要大量的数据来训练和优化 AI 模型。数据科学家不仅需要处理大量的数据，还需要理解和解释复杂的 AI 模型，以帮助公司更好地利用这些模型。这些专业人士负责分析和解释复杂的数据集，以帮助公司做出更好的决策。

第 62 问：应该如何把握 AIGC 的机遇？

把握 AIGC 的机遇，对于普通人来说，可以从以下几个方面进行深入探索。

1. 学习和理解 AI 技术

在这个信息爆炸的时代，理解 AI 和 AIGC 的基本概念和应用是非常重要的。AI 不再是科幻小说中的概念，而是已经深入到人们生活的各个角落，包括游戏创作。通过阅读相关的书籍、文章或者参加在线课程，人们可以了解到 AI 的基础知识，比如机器学习、深度学习、神经网络等。同时，也可以了解到 AIGC 的应用场景，比如如何使用 AI 生成游戏内容、如何使用 AI 进行游戏测试等。这些知识可以帮助人们更好地理解 AIGC 的潜力和价值。

2. 关注行业动态

随着技术的发展，AIGC 的应用也在不断扩大。关注 AIGC 相关的新闻和行业动态，了解最新的技术发展和市场趋势，是把握机遇的关键。人们可以关注一些科技新闻网站，或者订阅一些与 AI 和游戏开发相关的博客和社区。这些信息源可以帮助人们了解到 AIGC 的最新应用，比如哪些公司正在使用 AIGC、他们是如何使用的以及他们的产品或服务有哪些特点等。这些信息可以帮助人们把握 AIGC 的发展趋势，找到可能的投资或就业机会。

3. 尝试使用 AIGC 产品

理论知识是重要的，但实践经验同样重要。通过使用和体验 AIGC 产品，人们可以更直观地理解这项技术的实际应用和潜力。例如，可以试玩一些使用 AI 技术生成的游戏，获得 AI 带来的游戏体验。也可以使用一些 AI 驱动的游戏设计工具，体验 AI 在游戏创作中的作用。这些体验可以帮助人们更深入地理解 AIGC，也可以激发人们对 AIGC 的兴趣和热情。

4. 提升技能

如果对 AIGC 有深入的兴趣，便需要提升自己的技能。这包括编程、游戏设计、机器学习等技能。这些技能不仅可以帮助人们更深入地理解 AIGC，也可以帮助人们在 AIGC 领域找到工作，甚至创办自己的公司。例如，如果懂得编程，就可以自己开发 AI 驱动的游戏；如果懂得游戏设计，就可以设计出获得更好的游戏体验的产品；如果懂得机器学习，就可以开发出更强大的 AI 算法。这些技能都是在 AIGC 领域中取得成功的关键。

5. 参与社区

参与 AI 和 AIGC 相关的社区，可以帮助人们建立网络，学习新的知识，分享经验，甚至找到合作伙伴。这些社区可能是线上的，比如 GitHub、Stack Overflow 等，也可能是线下的，比如各种技术研讨会、黑客马拉松等。在这些社区中，人们可以找到有相同兴趣的人，可以一起学习，一起探讨问题，一起开发项目。这不仅可以提升技能，也可以扩大视野、开拓思路。

6. 创新思维

在 AIGC 领域，创新是非常重要的。这不仅包括技术创新，也包括应用创新。人们可以思考如何将 AI 技术应用到游戏创作中，如何创造出新的游戏体验，如何满足玩家的需求。这可能需要具备一定的创新思维，愿意尝试新的事物，愿意接受挑战。

7. 了解法规政策

随着 AI 技术的发展，各国政府也在不断出台相关的法规政策。了解这些法规政策，可以帮助人们避免法律风险，也可以帮助把握政策机遇。例如，一些国家可能会提供对 AI 研发的资金支持，这对于创业者来说是一个很好的机会。

总的来说，把握 AIGC 的机遇需要人们持续学习，保持对新技术和市场动态的关注，积极参与和实践，提升自己的技能，培养创新思维，同时也要了解相关的法规政策。只有这样，才能在这个快速发展的领域中找到自己的位置，实现自己的价值。

元宇宙篇

第 63 问：建设元宇宙需要哪些技术支撑?

元宇宙的建设主要需要以下六大技术来支撑。当然，元宇宙的发展并不局限于这六大技术。如图 22 所示为元宇宙六大支撑技术。

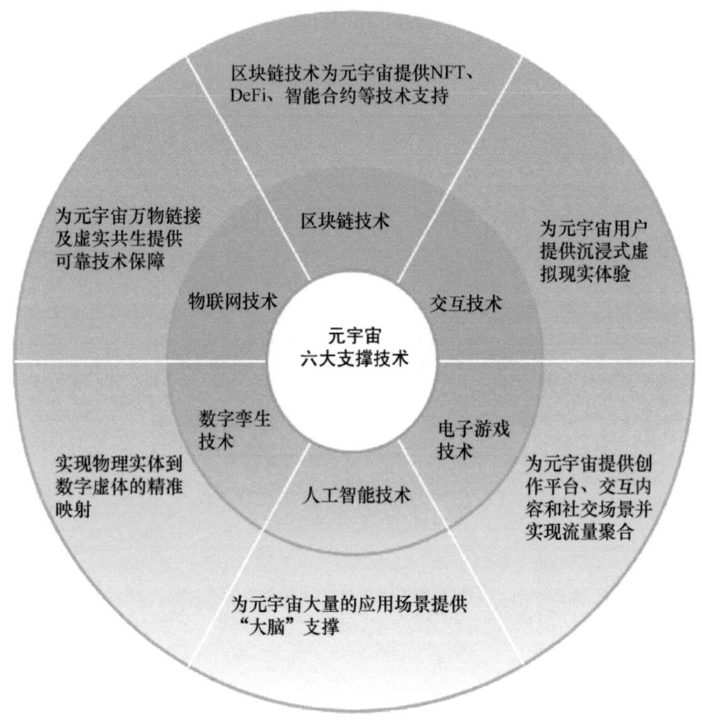

图 22　元宇宙六大支撑技术

1）区块链技术。为了支撑元宇宙中的身份、经济系统，元宇宙需要借助区块链这个底层技术，来搭建起整个价值互联网络，可以说，没有区块链技术，元宇宙仅仅就是个游戏而已。

2）交互技术。包括 VR（虚拟现实）技术、AR（增强现实）技术、MR（混合现实）技术、全息影像技术、脑机交互技术、传感技术等。交互技术为元宇宙提供了沉浸式虚拟现实体验阶梯。比如在人脑植入芯片，就等于打通了大脑与信息系统的桥梁，人们想象的这些信息就可以通过 3D 打印出来，或通过全息影像体现出来，这就是交互技术。

3）电子游戏技术。电子游戏技术是元宇宙的外在体现所必需的，比如游戏引擎类的。

4）人工智能技术。元宇宙将来主要是 AIGC 时代。信息的产生经历了 3 个阶段：第一阶段是专家产生内容的阶段，叫 PGC 阶段；第二阶段是 UGC 阶段，比如抖音、小红书，人人都可以创造内容，发布内容的自媒体时代；第三阶段是 AIGC，用户只需要给它安排任务，定规则。人工智能技术将会加速元宇宙"大脑"和"自我意识"的形成。同时，元宇宙将会产生大量的数据、信息，只有通过人工智能才能有序把控和管理。

5）数字孪生技术。通过数字孪生实现现实世界和元宇宙世界的互动。同时数字孪生技术的发展可以加快元宇宙的到来，因为数字孪生技术最强大的能力在于推演，通过建立相应的数字场景，然后通过程序来进行相应的推演，从而可以避免许多失败的可能，加快了元宇宙的到来。

6）物联网技术。也就是人们通常所说万物互联——IoT。物联网技术把真实的物理世界和元宇宙虚拟世界连接起来，进行实时通信。

笔者认为，元宇宙本身并不是一门技术，而是一种互联网形态。元宇宙的打造需要的技术还有很多，这里就不一一阐述了，现在随着各种技术越来越成熟，去中心化也越来越火爆，元宇宙概念在 2021 年火爆也不是没有原因的，这是一个拐点，笔者相信未来元宇宙的实现是指日可待。

Metaverse 国际期刊：元宇宙被视为互联网的新形态，而不只是一个技术概念。它的构建涉及多种尚在发展中的技术，这些技术的成熟和去中心化趋势的兴起是 2021 年元宇宙概念火爆的原因之一。以彭绍亮（本书主要作者）、潘志庚等对该领域有深刻研究和见解的学者已于 2020 年创立了首个元宇宙国际期刊（Metaverse，MET），https://aber.apacsci.com/index.php/met/index，通过该期刊可以了解到最前沿的元宇宙技术与应用。图 23 是 Metaverse 期刊网站的主页。

图 23　Metaverse 期刊网站的主页

第 64 问：元宇宙的技术架构是什么样的？

元宇宙的技术架构可以分为 7 层，如图 24 所示，下面给大家一一做下介绍。

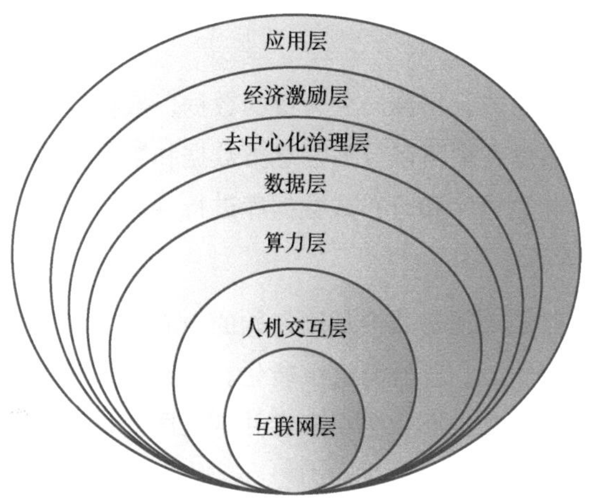

图 24　元宇宙的 7 层技术架构

1. 互联网层

元宇宙是在好多互联网技术的基础上进行发展的，组成互联网的好多技术是元宇宙建立的前提条件，在这里统一称作互联网层，所以说互联网是元宇宙的一个底层基础设施。

2. 人机交互层

这里的设备不是指基础网络通信设备，而是包括 VR、AR、MR、XR 在内的硬件穿戴设备，在互联网的基础上，人们需要借助这些专业的硬件设备进入元宇宙。

3. 算力层

元宇宙的运行需要强大的运算能力作为支撑，其包括本地的计算和远程云端计算，云端计算又分为中心化的云计算和去中心化的云计算，三者共同组成元宇宙的计算网络。

4. 数据层

元宇宙的形成，将会产生大量的数据，数据量级将会成指数级增长，按数据类型可以分为信息类数据和数字资产类数据，同时使用中心化数据库和分布式数据库进行存储。

5. 去中心化治理层

元宇宙组织治理形式会从刚开始的中心化公司运作形式慢慢向分布式、去中心、自治的组织转化。最终会形成中心化组织、弱中心化组织和去中心化组织三者并存的局面，这样的治理架构将会具有很强的创造力和生命力。

6. 经济激励层

元宇宙的经济激励层具备各种各样经济、金融、激励机制。其中，最重要的基础就是元宇宙世界里的货币系统和金融系统。所以元宇宙里必须建立一套非常完整的、运行良好的、去中心化的金融市场体系。

7. 应用层

各种类型的创作者（包括平台搭建者、应用开发者、内容生产者等）在应用层进行各种各样的应用开发创新，跟现在的互联网中的各种应用系统一样。

以上就是元宇宙的 7 层架构模型。

第 65 问：什么是人机交互技术?

人机交互也称为人机互动，主要是研究机器智能系统与人之间的信息交换。它与人机工程学、虚拟现实技术、多媒体技术、认知心理学等密切相关。人机互动分为两部分，一部分是人到机器的交互，另一部分是机器到人的交互。鼠标、多点触控和体感技术是人机交互的工具。

人机交互是一门研究系统与用户之间的交互关系的学问。系统可以是各种各样的机器，也可以是计算机化的系统和软件。人机交互是指人与计算机之间使用某种对话语言，以一定的交互方式，完成确定任务的人与计算机之间的信息交换过程。自然化的人机交互技术，人的感受已经成了设计需要考虑的重要问题，由于人适应了这样一种通过多种方式来共同控制客观对象，并同时希望快速看到控制结果的状况。使得自然化的用户界面成了一个快速发展的趋势，比较明显的就是虚拟现实技术的发展。用户借助必要的设备以自然的方式与虚拟环境中的对象进行交互作用、相互影响，从而产生亲临真实环境的感觉和体验。虚拟现实是多媒体发展的高级阶段，是人与机器无障碍交互的自然境界。

智能化的人机交互技术主要是使人在任何情况下都能感觉自己处于一个最佳的状态。其中改变的主要是机器，而不是人本身。一方面，智能化交互设计将提高人的生活质量和改善人民的生活环境，在这样一个交互设计的环境下人与人之间的距离将会变得很近，人在使用过程中将体会到极大的愉悦感，提高了他们对生活的热情度；另一方面，智能化人机交互设计将实现“界面应该设计得像人一样，而不是像仪表板一样”的愿望，因为“这种设计不仅了解人的需求和感觉，而且表现出超凡的聪明才智，以至于物理界面本身消失不见了”。

未来的人机交互技术是朝着自然化、智能化的方向发展的。未来人机交互设计将会给人们带来更加轻松、舒适的生活，未来的设计中以人为中心的理念将会得到进一步的体现，工作环境中，人们不仅会在生理上觉得舒适，而且在心理上也会达到愉悦，那时候人们的生活会变得更加便捷、美好。

第 66 问：什么是脑机接口技术？

脑机接口，是指在人或动物大脑与外部设备之间创建的直接连接，从而实现人脑与设备的信息交换。当人类思考时，大脑皮层中的神经元会产生微小的电流。人类进行不同的思考活动时，激活的神经元也不同。而脑机接口技术便可以靠直接提取大脑中的这些神经信号来控制外部设备，它会在人与机器之间架起桥梁，并最终促进人与人之间的沟通，创造巨大的价值。

当下，脑机接口技术可分为侵入式和非侵入式两大类。

1）侵入式脑机接口是指在大脑中植入电极或芯片。人的大脑中有上千亿个神经元，通过植入电极，可以精准地监测到单个神经元的放电活动。但这种方式会对大脑造成一定的损伤，电极的植入不但会损伤大脑神经元，还会有感染的风险。在大脑中植入电极后，周围的胶质细胞会逐渐将电极包裹起来，电极监测到的神经元活动会越来越少。几个月甚至几年后，电极就完全监测不到神经元活动，如果需要再次使用，就得重新植入电极，再次经历风险。

2）非侵入式的脑机接口是指头戴式的脑电帽，它主要是使用脑电帽上的电极从头皮上采集脑电信号。这种方式可以在头皮上监测到群体神经元的放电活动，主要缺点是不够精准。此外，头戴式的脑电帽虽然不会损伤大脑，但每次使用时都需要先洗干净头发，再向脑电帽的电极中注入导电胶，操作起来十分麻烦。

脑机接口技术目前还被广泛应用于航空航天、教育、娱乐等多个领域。例如，在航空航天领域，脑机接口技术可以帮助航天员用大脑更好地操控机械设备，在特殊的环境下执行任务等。未来，脑机接口技术将应用到更多领域，发展前景值得期待！

第 67 问：什么是智能合约？

智能合约并不是一个新的概念，早在 1995 年就由跨领域法律学者尼克·萨博提出，是对现实中的合约条款执行电子化的量化交易协议。智能合约设计的总体目标是满足常见的合约条件（如支付条款、留置权、机密性以及执行等），以及最大限度地减少恶意和偶然的异常，最大限度地减少对可信中介的依赖。

本质上来说，智能合约是一段程序，它以计算机指令的方式实现了传统合约的自动化处理。简单来说，智能合约就是双方在区块链资产上交易时，触发执行的一段代码，这段代码就是智能合约。智能合约程序不只是一个可以自动执行的计算机程序，它本身就是一个系统参与者，对接收到的信息进行回应，可以接收和存储价值，也可以向外发送信息和价值。这个程序就像一个可以被信任的人，可以临时保管资产，总是按照事先的规则执行操作。

那智能合同是如何工作的？ 可以举个例子来看看智能合同是如何运作的。人们可能听说过众筹鼻祖 Kickstarter。如果各团队想要制造某种产品，他们可以登录 Kickstarter 网站，建立项目内容，制定资金筹集目标，然后就可以等待对其团队理念感兴趣的人们的投资了。

Kickstarter 其实是一个处在产品产出团队和资金支持者之间的第三方。也就是说，双方都只得相信 Kickstarter 能正确地按照他们的意愿处理他们的钱。如果某个项目成功地筹到了钱，产品项目方就应该从 Kickstarter 那里拿到这笔钱。在资金支持者那方，如果款项筹齐了，他们要求钱可以给到项目方。如果款项最终没筹齐，则应该被退还给他们。项目方和资金支持者都只得信任 Kickstarter。

但有了智能合约，人们就不需要类似 Kickstarter 这样的第三方，便可以建立类似系统了。那么来举一个智能合约的例子。用编程设定这个智能合约必须持有所有收到的款项，直到达到已设定的目标款项。这些对项目投资的人，就可以把他们的钱转到这个智能合约里。如果本项目达到要筹集的目标值，智能合约就自动把钱转给项目设立人。反之，如果项目最终没有达到筹集资金的目标值，这笔钱又会自动地转回给资金支持者们。而且，由于智能合约是存储于区块链当中的，这意味着所有信息都被分布式地存储在区块链上，没人能直接支配这笔钱。这就是智能合约的整个运作流程。

第 68 问：什么是去中心化数字钱包？

使用去中心化数字钱包，私钥保存在用户自己的手里，资产存储在区块链上，用户是真正的数字货币的持有者，钱包只是帮助用户管理链上资产和读取数据的一个工具。因此，去中心化数字钱包很难被黑客集中攻击，用户也不必担心钱包服务商的自我窃取或者跑路，因为只要创建钱包的时候自己把私钥保管好，你的资产依然在链上，换个钱包一样可以显示出来的。

另外，去中心化数字钱包有三个特征。

1）去中心化钱包仅作为钱包地址生成工具并提供相应的服务，钱包提供方并不保存用户的私钥或者助记词等信息。

2）钱包的每一笔数字资产存取、转账数据均可在区块链上查询得到。

3）用户的数字资产存储在区块链上，而不是由钱包服务商统一管理。

去中心化数字钱包和现有的大部分中心化钱包账户有什么不同呢?

- 私钥持有者不同。去中心化数字钱包，私钥用户自持，资产记录在链上，用户掌握自己的资产。所有交易都在区块链上进行，记录全部可查，且交易过程由智能代码控制，除非有能力扭转区块链，否则一切均无法篡改。而中心化钱包账户，私钥由托管方保管，用户只需注册登录即可，无须理解记忆私钥等概念。
- 资产控制权不同。在去中心化数字钱包里，由于私钥由用户掌握，所以对应的资产完全由用户自己掌控，去中心化数字钱包只是帮助用户管理链上资产和读取数据的一个工具，所以也就无法控制、窃取、转移用户的资产。而中心化钱包，私钥在中心化服务器托管链中的钱包项目端。就像银行一样，用户把钱存在银行，银行给用户一个账户，记录用户资金情况，银行对用户的资金有绝对的控制权。
- 资金风险不同。中心化数字钱包账户由于不依赖区块链网络，所有的数据都是从自己的中心化服务器中获得，因此很容易招来黑客的攻击。去中心化钱包的资产风险则主要来源于用户对钱包私钥的管理不当，私钥被窃取等。

第 69 问：什么是虚拟货币？

虚拟货币是非真实的货币，指互联网上面的一种虚拟出来的金钱，即高科技中代替实体货币流通的信息流或数据流。虚拟货币不能通过银行转账，目前只能流通于网络世界。

网络虚拟货币大致可以分为三类。

1）大家熟悉的游戏币。在单机游戏时代，主角靠打倒敌人等方式积累货币，用这些货币购买草药和装备，但只能在自己的游戏机里使用。

2）门户网站或者即时通信工具服务商发行的专用货币，用于购买本网站内的服务。使用最广泛的当属腾讯公司的 Q 币，可用来购买会员资格、QQ 秀等增值服务。

3）互联网上的虚拟货币，如比特币、莱特货币等。比特币是一种由开源的 P2P 软件产生的电子货币，也有人将比特币意译为“比特金”，是一种网络虚拟货币，主要用于互联网金融投资。

虚拟货币的外在形式和表现不是最重要的，其内在价值问题才是第一位。首先，虚拟货币不是一般等价物，而是价值相对性的表现形式，或者说是表现符号；也可以说，虚拟货币是个性化货币。其次，虚拟货币由个人决定，且虚拟货币的主权在分布式的个体节点。最后，虚拟货币的价值转换在虚拟货币市场内完成。

那虚拟货币有哪些重要的作用呢?

- 个性化虚拟货币除了流动性和增值性以外，还具有信息功能。
- 个性化虚拟货币具有自身的文化价值定位。
- 个性化虚拟货币市场可以起到提升传统产业的作用。

第 70 问：什么是虚拟世界?

对于虚拟世界（Virtual World）这个概念，目前主要有狭义和广义两个层面的含义。

狭义的虚拟世界，是指由人工智能、计算机图形学、人机接口技术、传感器技术和高度并行的实时计算技术等集成起来所生成的一种交互式虚拟现实，是一种能够高度逼真地模拟人在现实世界中的视、听、触等行为的高级人机界面，用一句话来概括，狭义的虚拟世界是一种“模拟的世界”。

广义的虚拟世界，不仅包含狭义的虚拟世界的内容，还指随着计算机网络技术的发展和相应的人类网络行动的呈现而产生出来的一种人类交流信息、知识、思想和情感的新型行动空间，它包含了信息技术系统、信息交往平台、新型经济模式和社会文化生活空间等方面的广泛内容及其特征，用一句话来概括，广义的虚拟世界是一种动态的网络社会生活空间。由此，可以认为虚拟世界是一个不同于现实世界的由人工高科技技术（如计算机技术、互联网技术、虚拟现实技术等）所创造的一个人造世界。

事实上，真正意义上的广义“虚拟世界”与计算机技术毫无关系。广义“虚拟世界”是相对于“物理世界”定义的一种具有一定规模及结构、可在其自身设置下自成一体的类似物理世界的体系，是人为设计的、抽象的、“世界级”的一类体系，包含于物理世界，但仅在物理世界中具有客观载体和接口，而其内容没有具体的客观存在，需要由大脑或某种媒介具象后才可被认知的世界。其主要特点即自成体系。

这里“虚拟”二字借用了计算机科学领域中“虚拟”这一概念，而“广义”也是相对于计算机科学领域中“虚拟世界”这一概念而言。事实上广义“虚拟世界”是与物理世界同层次的概念，甚至可以近似地理解为同一概念，只是一个是由人类感知的，另一个是由人类设计建造的，一个人类置身其中，另一个人类置身其外。

需要注意的是，虚拟世界应该是人为制造的，而不是人为发现和连接的。至于“平行宇宙”等概念中提到的认为是自然存在的非人为设计的平行于物理世界的其他世界，在此可理解为“超虚拟世界”，就像虚拟世界是由物理世界中设计制造的一样，“超虚拟世界”是由更高一层次的“超物理世界”设计制造的虚拟世界，而物理世界只是众多“超虚拟世界”中的一个，其他同层次的虚拟世界可理解为平行世界。这一点可以利用树形结构直观地进行理解。

虚拟世界技术发展的目标将是建立出具有完整体系、稳定地体现出双向动态性并具有良好的交互性的虚拟世界并加以利用。

但是对虚拟世界的研究则与其他学科一样是试图通过这一领域去探索认识客观事物的本质和内在运动规律，而不仅仅是为了提供一种便利的工具。

第 71 问：什么是虚拟人？

虚拟人是由 3D 模型技术构建的十分仿真的数字人，具有人的外观、特点、行为，依赖科技展示的虚拟形象。虚拟人更侧重其在外观、智能等方面与人的相似性，在难辨真假的同时可以进行交互。笼统地说，虚拟人是通过 3D 图像软件或其他模拟仿真工具制作，以数据形式存在的人与类人角色。虚拟人作为元宇宙重要的赛道，能够为元宇宙带来丰富的内容和沉浸式的体验。

那虚拟人能做什么？

第一个层面便是企业级需求，虚拟人可以很大限度上代替人工，帮助企业实现降本提效。在一些线上、线下的服务场景中，有很大一部分的服务人员每天机械地回答着重复简单的问题，一方面造成了人才资源的浪费，另一方面企业需要为此负担培训、运营等成本。而由于服务人员的素质、知识水平参差不齐，很难保证最佳的服务态度和服务效果，企业难以监督，用户的问题也得不到妥善解决。

未来虚拟人技术可以解决一些社会现实问题，打造出适合人们的“虚拟辅导员”或者“虚拟护工”，为人们带来一份情感上的寄托。这些都表明虚拟人未来拥有着巨大的市场潜力。

目前，虚拟人的应用层面已经越发广泛了，最受大众了解的便是虚拟人在“泛娱乐”上的应用，虚拟歌手、虚拟演员、虚拟主播等。未来还会出现虚拟客服、虚拟教师、虚拟导游等，将虚拟人与各行各业相结合。

总之，目前来看，虚拟人已经不再是电影中的“天方夜谭”，“虚拟时代”正在向我们缓缓走来。

第 72 问：什么是数字孪生？

数字孪生有两层意思，一是指物理实体与其数字虚体之间的精确映射的孪生关系；二是将具有孪生关系的物理实体、数字虚体分别称作物理孪生体、数字孪生体。默认情况下，数字孪生亦指数字孪生体。

其实数字孪生这一概念早在二十多年前就被提出。我们暂不追究它的起源，给大家纯粹地解释一下这个概念。

说起孪生，大多数人可能就会立马想到双胞胎、孪生兄弟姐妹之类的词。其实这样想也没有错，可以把数字孪生认为是数字的双胞胎。只不过数字孪生中的双胞胎，并不是完全一样的两个个体，更确切地说，是两个系统。一个系统存在于现实的物理世界，一个系统存在于虚拟的计算机世界。并且通过智能技术，使得这个存在于虚拟世界中的系统也能以一种直观的方式让人们感知与触碰。因为物理世界由千亿级的各类数据构成，所以在虚拟世界中的仿真便是对各类数据的仿真，即数字孪生。

为什么要使用数字孪生技术仿真物理世界，有什么意义?

物理世界运载着包括人类在内的庞大的生态系统，它的运转容不得一丝差错，人们更是没有胆量去屡次试错。在城市病日益突出的今天，为了使城市运行得更加美好，人类开始尝试用各种技术手段改变现有环境。数字孪生便也在这种情况下，得到了更多的关注。人们可以在不改变原有物理世界的情况下，运用数字孪生技术，复制出与之对应的虚拟世界，在虚拟世界中人们可以看到物理世界的角角落落，并且可以在虚拟世界中进行各种创新性尝试与改革，这样人们就可以提前知道如果这种决策运用在现实生活中是否可行。这样将大大减少试错的成本，并且可以不断调优，使得决策更加有利于现实环境。

长沙市重点民生实事“雪亮工程”项目就是一个典型的利用数字孪生技术的项目。该项目利用最新的三维数字孪生和视频融合技术，基于三维 GIS 地图、城市仿真模型与视频云资源，搭建了一套三维融合可视化共享平台。该平台融合了存量视频数据、AI 算法算力、城市数据，在城市重要区域进行创新试点，试点区域覆盖了长沙城市主干道、重点商圈、景区、车站等 9 个区域。该项目将视频画面与三维空间模型场景进行实景融合，将二维平面视频展示模式升级为三维立体场景呈现模式，具备更强的空间感、场景感。用户可以快速定位所需浏览的场景，大大提升视频信息的获取效率，决策者可以更直观地对区域内安全态势进行掌控，实现“一屏观长沙，一屏管全局”的效果。

第 73 问：什么是虚实共生?

有些人认为元宇宙就是现实世界的平行世界，借助物联网、云计算、大数据等现代技术，人们可以将人类和物联网产生的数据镜像到元宇宙中，从而以新的方式理解、操纵和模拟现实世界。

但这种认识很可能是不全面的。元宇宙并不仅仅是现实世界的平行世界，或者说，并不是现实世界的简单数字化，它还有可能是现实世界的拓展并反作用于现实世界。我的回答是：元宇宙是虚实共生的，而不是镜像孪生。

元宇宙与现实世界之间是相互构造的，正如电影《头号玩家》所展示的，未来某一天，人们可以随时随地切换身份，自由穿梭于物理世界和数字世界，在虚拟时空节点中工作、学习、娱乐、交易所形成的数字产品，一部分结果还会传导回现实世界。打个不恰当的比喻，就像手机数据同步，会有三个方案：方案一是用本机数据覆盖云端数据，方案二是用云端数据覆盖本机数据，方案三是本机数据和云端数据全量校验，增量实时同步为一体的数据同步。而元宇宙则是方案三。

在作者看来，元宇宙的本质在于构建了一个与现实世界持久、稳定连接的数字世界，让物理世界中的人、物、场等要素与数字世界共享经验。

第 74 问：什么是元宇宙的三大定律？

《从政务区块链到政务元宇宙》一书中首次提出了元宇宙三大定律的概念。书中用定律来引起读者的特别关注，意在提醒读者这三点要特别注意，下面对此做个简单的介绍。

第一定律：元宇宙无法脱离现实世界而独立存在。

元宇宙相关的基础硬件和设备都放置在现实世界中，包括穿戴设备、通信网络、数据服务器、应用服务器等，目前进入元宇宙最大的限制就是穿戴设备还达不到理想的效果，所以线下硬件设备的发展严重影响元宇宙的发展进度，VR 等穿戴设备和计算服务器算力的提升将会给元宇宙带来革命性的推动力，否则元宇宙无法按照人们的意愿进行落地。

元宇宙的参与主体主要是企业和个人，而企业和个人在现实世界和虚拟的元宇宙世界中是个重合体，不但受到现实社会的约束和影响，同时还需要遵从元宇宙的游戏规则，比如，某个公司因为违法、债务等问题倒闭，它在元宇宙中的应用平台也会受到影响，甚至停止运营，这将会在元宇宙产生一系列的连锁反应。

第二定律：元宇宙并非法外之地。

元宇宙虽然是虚拟世界，但是它与现实世界是互相联动的，人们在元宇宙中的行为同样要遵循现实世界的法律，元宇宙内的业务必须受制于现实世界的法律法规。当然，为适应元宇宙的发展，也会导致一些新的法律条例产生。所以说要想元宇宙得到健康可持续的发展，必须要有适用于元宇宙的法律为其保驾护航，否则，元宇宙终将会昙花一现，这也是人们不愿意看到的。

第三定律：元宇宙时间加速流逝法则。

客观上，现实世界和元宇宙里的时间是有限且同等的。现实世界的时间和元宇宙的时间是没有任何区别的，在现实世界玩一个小时和在元宇宙里玩一个小时，钟表上显示的时间是一样的。一天的时间也是有限的，只有 24 小时。

但是，在主观上元宇宙里的时间是在加速流逝的，不对等的。例如，大部分人在互联网上玩游戏时，感觉时间过得很快，一个小时很快就过去了，但是如果在上班干活及排队等待时，会感觉时间过得很慢，一个小时是个很漫长的过程。而在元宇宙的世界里，将会加快这种现实世界和元宇宙的时间流逝速度，让玩家感觉时间过得飞快。

所以人们作为平台设计者或用户的时候，应当充分考虑元宇宙时间加速流逝法则，进行游戏设计和个人时间把控，尽量不要影响、打乱正常的生活节奏。

第 75 问：元宇宙中有哪些资产类别？

元宇宙中的资产根据产生方式可分为数字孪生资产和数字原生资产。

数字孪生资产是指充分利用物理模型、传感器更新、运行历史等数据，集成多学科、多物理量、多尺度、多概率的仿真过程，在虚拟空间中完成映射，形成现实与元宇宙中一一对应且具有同等效应的数字资产。

数字原生资产就是在数字世界里面无中生有创作出来的、在现实世界根本不存在的资产类型。它是纯粹用数字化的方法创新创造出来的原生的数字化事物或数字化服务，所以叫作数字原生资产，如 NFT、比特币、以太坊。

元宇宙中的资产根据流通范围可分为四类，图 25 具体表示了这四类资产，下面一一介绍。

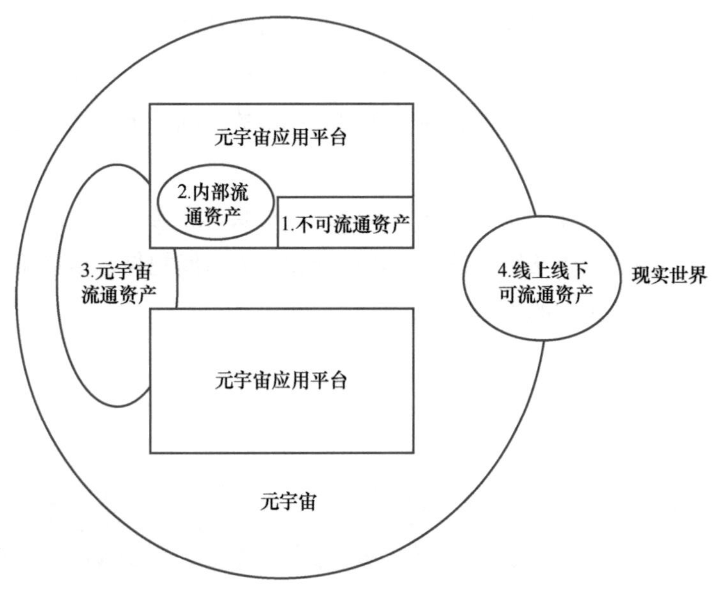

图 25　元宇宙中的资产类别

1）不可流通资产。比如游戏平台里的应用场景和公共设施，大家都在使用，或者参与者可以根据游戏规则获取，但是不能进行买卖流通。

2）内部流通资产。即可在应用平台内部流通的资产，比如游戏中的装备，可以转赠、售卖给游戏内部的玩家。

3）元宇宙流通资产。是指在元宇宙中达成共识的数字资产，可以在不同的平台之间相互流转，是元宇宙内部平台之间的交易媒介。

4）线上线下可流通资产。即在元宇宙和现实世界都可流通的资产，比如各大央行发行的数字货币，或者共识度高的虚拟货币，还有其他类似的资产等。

元宇宙中的资产根据数字资产的应用场景可以分为以下几类。

- 数字地产。最典型的是 Decentraland、Sandbox 等元宇宙平台中的虚拟地块，2021 年，Sandbox 上的一块土地以 430 万美元（约合 2737 万元人民币）的价格售出，刷新元宇宙地产的成交纪录。而某知名歌手也在推特上宣布购买了 Decentraland 中的三块虚拟土地，据了解总价值约 78.2 万美元。实际上这种地块跟现实中的房地产是一样的，都具有足够的稀缺性，都是人类社交活动的场所，因此是一种典型的数字资产。
- 数字形象。数字形象是人进入元宇宙的通行证，目前很多元宇宙平台还停留在简单的捏脸阶段，随着技术的不断成熟，越来越精致的数字形象必然成为主流，届时人们会不再受到自身物理形象的限制，让自己在元宇宙中以理想形态并且是不止一个“分身”开展活动，而且随着数字人的社交活动展开，必然形成数字 IP，甚至跟其他数字人形成数字伦理关系，从而使数字形象不再是传统互联网中的一个头像符号，而是能够独立承载个人品牌价值、虚拟社会关系的载体，所以数字形象也是一类典型的数字资产。

- 数字作品。是指元宇宙中带有文化艺术属性的内容资产，例如，当下非常火爆的数字藏品，其主要的价值在于审美和收藏，再比如一些数字建筑、数字展览、数字演唱会活动等都因为其具有审美功能而属于数字作品。
- 数字物品。相比较数字作品，数字物品更多地具有工具属性，也可以称之为“数字道具”，是用户在元宇宙这个游戏世界中生存和开展活动的虚拟媒介，如构建在虚拟地块上的数字房产、数字办公室、数字服装、数字商品等。
- 数字人行为数据。这个类似于现实世界中的个人信息，特别是行为轨迹信息。元宇宙中用户的各项行为应该会被系统记录，进而通过算法自动与行为载体——数字人进行互动，如投放广告、匹配好友等，这些数据资源至关重要，如果说数字形象是元宇宙中用户的外在表现，那么行为数据才是元宇宙用户的内在本质，甚至可以说，元宇宙中没有人，只有由行为数据组成的数据集合体。
- 数字货币。这个很容易理解，就像现实世界中的货币一样，大部分元宇宙中都发行了自己的货币。这种模式因为跟游戏币、积分等没有本质区别，在我国现行的法律框架下可行。而一些国外的元宇宙平台会将平台发行的货币与比特币、以太坊等代币进行锚定，这种模式在国内目前还不可行。数字货币在元宇宙中充当着一般等价物的角色，而平台也通常会通过算法等控制数字货币的发行量，从而使之与元宇宙中的资产价值总体匹配，这也使得持有数字货币本身就代表着持有数字资产。

- NFT 数字通证。与数字货币不同，NFT 作为一种非同质化通证，其本质上不应该算数字资产，而应该是数字资产的权益凭证，其功能在于确认数字资产本身和记录权益范围，只有确认了权益才能够开展交易和流通，这是经济学的基本逻辑。但毕竟 NFT 可以指代所持有的虚拟资产，所以也可以将其视为一种数字资产类型。

第 76 问：元宇宙经历了哪几个发展阶段？

元宇宙的发展阶段可以从以下三个角度进行讲解：技术角度、产业角度、生态角度。

从技术角度来说，元宇宙分为 3 个发展阶段，第一阶段是业务全线上化，也就是说，想要把系统生态做成元宇宙，先要把业务流程全放在互联网上运行，即全线上化；第二阶段是把线上的业务场景，通过 3D、VR、AR 等技术实现虚拟场景化；第三阶段是在虚拟场景化的基础上，提供更加便捷、更加有完美体验的虚拟服务。最终让消费者在办理业务的同时得到舒适和高效的体验。图 26 显示了元宇宙从技术角度的发展。

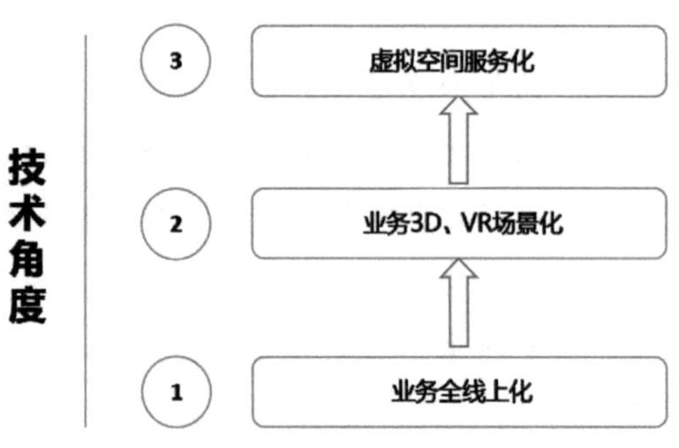

图 26　元宇宙从技术角度的发展

从产业角度来说，元宇宙同样分为 3 个发展阶段，第一阶段是游戏元宇宙，因为元宇宙的体现形式本身就是游戏场景，游戏行业也是离元宇宙最近的一个行业；第二阶段是产业元宇宙，随着元宇宙的发展，各个行业将会呈现出各类元宇宙的应用，此时的元宇宙应用场景将会不断涌现；第三阶段是元宇宙互联网，就是各个单元的元宇宙将会跨链互联，相当于把局域网变成如今的互联网一样，实现统一。元宇宙从产业角度的发展如图 27 所示。

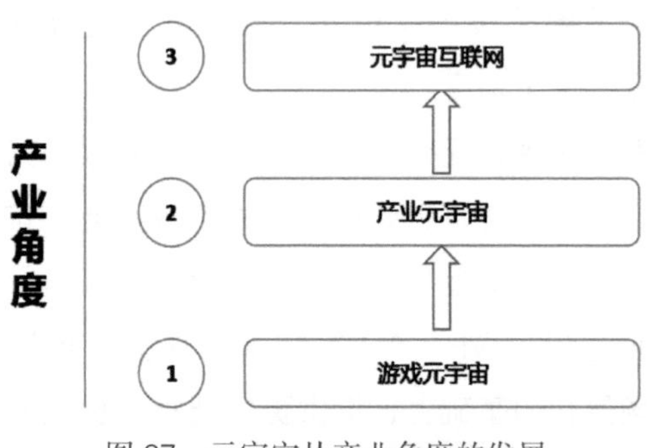

图 27　元宇宙从产业角度的发展

从生态角度来说，元宇宙分为 3 个阶段，即从企业私有元宇宙到企业联盟元宇宙，再从企业联盟元宇宙到标准共享元宇宙，如图 28 所示。其中，企业私有元宇宙是指单个企业建设的属于自己的元宇宙，没有与任何其他的生态进行连接。企业联盟元宇宙是指一些企业机构慢慢地达成联盟，一起共建元宇宙生态，最终形成一个元宇宙互联标准，大家都按这个标准接口接入标准共享元宇宙。

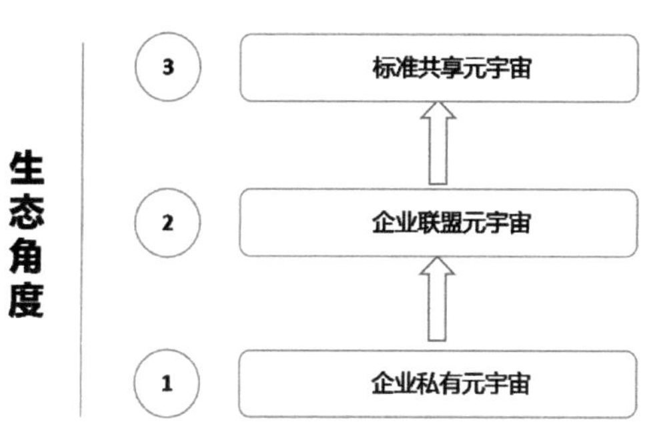

图 28　元宇宙从生态角度的发展

第 77 问：元宇宙涉及哪些产业链？

目前，元宇宙产业链已基本形成。元宇宙产业链可以划分为七个层次或分为四大板块。

首先，元宇宙产业从纵向上可以分为以下七个层次。

第一层：基础设施相关产业。主要是指为元宇宙提供网络基础设施和基础技术，基础设施包括物联网、云服务器、5G 基站等；基础技术包括 5G、云计算、图形图像处理技术等相关产业。

第二层：人机交互硬件相关产业。主要指的是人机交互硬件层面，比如 VR 眼镜、意念头盔、体感手套、体感服装、脑机接口等硬件设备生产相关产业。

第三层：虚拟空间计算相关产业。主要是指构建元宇宙虚拟世界的 3D 化、立体化的一些技术，包括 3D 引擎、VR（虚拟现实）/AR（增强现实）/XR（扩展现实）引擎、多任务界面等相关产业。

第四层：去中心化服务相关产业。主要是指区块链行业，给元宇宙提供去中心化的技术、去中心化的治理架构和去中心化的金融体系。

第五层：元宇宙应用开发涉及的相关产业。主要是指元宇宙构建之后，各个应用开发者可以在这个世界中开发 DAPP 应用，比如游戏软件、社交平台等。

第六层：大数据服务和运营相关产业。元宇宙将会产生大量的数据，需要大量大数据工程师和算法工程师进行数据分析和管理。

第七层：应用系统运营、信息推广相关产业。在元宇宙中的应用平台做出来之后，最主要的是把平台运营起来，吸引大量的玩家到平台上，这就需要专业的运营团队和推广团队。

其次，可以把元宇宙产业按四大板块划分，分为硬件层、软件层、服务层、内容和应用层。

1）硬件层。硬件层主要为元宇宙提供网络基础设施，包括消费者和行业从业者所需的零部件和进入元宇宙中的交互设备，以及物联网、云服务器、5G 基站等。

2）软件层。软件层包括两大平台，分别是信息处理平台和系统平台，信息处理平台主要是指交互软件，包括信息采集、渲染呈现等；系统平台主要是指操作系统，包括 3D 引擎等软件开发工具包。

3）服务层。服务层主要分为分发平台、渠道销售、内容运营三大方面，这三大方面主要围绕 VR 进行。其中，分发平台做得较好的主要有 VIVEPORT、Daydream 等；渠道销售在国内选择京东的用户比较多，在国外选择亚马逊的用户比较多；内容运营方面做得较好的是国内的超级队长。

4）内容和应用层。内容和应用层是元宇宙产业链中前景最广泛的产业环节，目前 To B（面向企业）主要面向的领域有房地产、教育、医疗和工程等，To C（面向消费者）主要面向游戏、直播、社交等领域，在未来元宇宙会涉及现实世界中存在的所有领域。

第 78 问：元宇宙是中心化的吗？

笔者认为真正的元宇宙必须是去中心化主导的，如果不去中心化，其实和现在的 QQ 空间没有本质区别。事实上，像游戏这样中心化的“元宇宙”已经出现好多年了。

不过去中心化肯定是要有个过程的，从中心化到弱中心化，再慢慢向去中心化发展，如图 29 所示。笔者认为未来的元宇宙，应该是以去中心化为核心主导，中心化、弱中心化和完全去中心化三者并存的虚拟世界。那什么是中心化、弱中心化、去中心化？ 这里指的中心和去中心包括两个方面：一个方面是应用平台的运行机制；另外一个方面是指组织或企业的组织形式。下面逐个进行介绍。

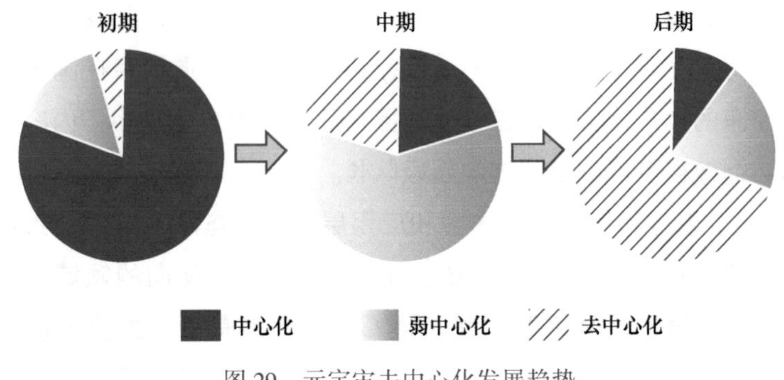

图 29　元宇宙去中心化发展趋势

- 中心化。中心化很简单，就是产品是闭源的，提供产品的组织也是中心化的，用户在其上面所拥有的一切都是受制于某个特定的组织和平台。例如，QQ、微信、游戏账号，用户只有使用权，没有所有权，只要提供此服务的组织发生变化，如发布一个公告或者做一次游戏更新，用户的所有资产和信息就可能丢失或者大幅度贬值。
- 弱中心化。弱中心化的情况有很多种，它处于中心化和去中心化的中间状态。比方现在的联盟链，或者某些产品是开源的，但数据是中心化的平台。

- 去中心化。首先，代码软件是开源的；其次，参与的组织机构、人员也是开源的，数据要使用公有链上链存储；最后，隐私和资产安全。全世界没有任何组织可以威胁到用户的资产，也没有任何人可以知道用户有多少资产，能使用它的只能是拥有私钥的人。

笔者认为个人财产去中心化的出现标志着真正元宇宙的到来。

第 79 问：元宇宙有哪些应用场景？

说起元宇宙的应用场景，人们会情不自禁地展开联想：有一天足不出户就能购物、开演唱会、开视频会议、虚拟交友、自主学习等，满足人们更广泛和深入的学习、娱乐和社交的需求。元宇宙平台也正是向重组各种资源、以用户为中心的方向发展和落地。

3D 应用场景是元宇宙的载体，只有在 3D 应用场景中，人们进入元宇宙平台才能拥有沉浸式体验内容，比如在元宇宙平台中看展会、线上协作、运动健身、实验教学等，都需要基于现实世界搭建三维仿真的场景，让人们在虚拟世界也能获得与现实世界几乎同样的体验。

这里将元宇宙的应用场景分为三层，第一层是生活层，包括吃、穿、住、行、学习、办公等常见场景，满足用户基本的元宇宙生活需求；第二层是生产制造层，包括农业元宇宙、工业元宇宙等，起到元宇宙平台的重要支撑作用；第三层是消费娱乐层，包括元宇宙演唱会、游戏和旅游生态等，形成综合应用场景。元宇宙的应用场景如图 30 所示。

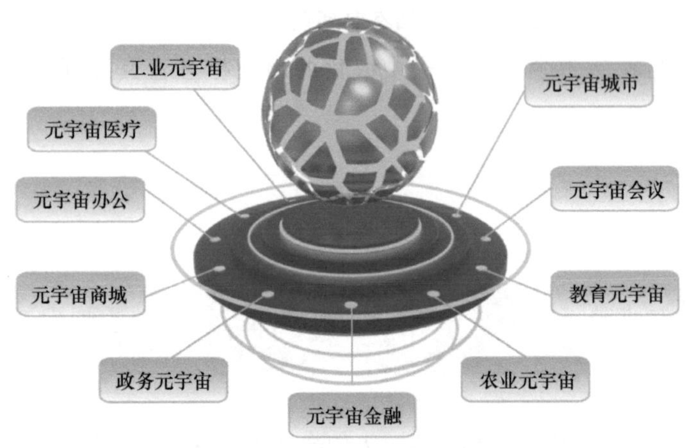

图 30　元宇宙的应用场景

“三全育人”教育元宇宙：教育元宇宙中会对学生的学业进行全过程全方位记录、分析和评估，聚合育人资源、创新育人机制，是进一步推进“三全育人”综合改革的积极探索，将对学校人才培养工作和学生自身全面发展发挥积极作用。湖南大学国家超级计算长沙中心和亿谷科技已经开始着手打造教育元宇宙。通过对学生对学习、生活、德育、思政、心理等数据采集、建模与分析，获取高度精练的特征标签，抽象出每一个学生的信息全貌（见图 31），通过元宇宙技术助力学生德智体美劳全面发展和个性化教育。

图 31　学生个人的特征标签

湖南智慧住建元宇宙：湖南省住房和城乡建设厅和湖南大学国家超级计算长沙中心共同打造了湖南智慧住建元宇宙。打造智慧住建可以更好地服务民生，增强老百姓对新湖南建设的安全感、归属感和幸福感。图 32 展示了湖南智慧住建元宇宙展厅。

图 32　湖南智慧住建元宇宙展厅

湖南省元宇宙科技馆：湖南省科技馆与湖南大学国家超级计算长沙中心共同打造了元宇宙科技馆，并聘请了彭绍亮作为湖南省科技馆首席专家顾问。元宇宙科技馆可以提供更好的沉浸感体验，让参观者通过虚拟现实技术深入了解科学原理、历史事件、艺术作品。元宇宙科技馆不仅满足了观众对知识和文化的探索欲望，而且也加强了数字技术与文化产业之间的结合，这对推动未来数字经济的增长具有重要影响。图 33 展示了元宇宙科技馆现实世界的虚拟映射与线上线下的联动。

图 33　元宇宙科技馆

笔者认为，元宇宙的应用场景将会跟我们现在的互联网一样，涉及生活的方方面面，唯一的区别就是场景落地有先后之分。

第 80 问：目前各地对元宇宙有哪些扶持政策？

2023 年，我国在元宇宙领域的扶持政策上延续了 2022 年的积极态势，不仅国家级政策不断出台，地方政府也对元宇宙产业给予了大量支持，多地发布了元宇宙产业建设规划，为该产业的稳步健康发展营造优质外部环境。

1. 北京：发布《东城区加快元宇宙产业高质量发展行动计划（2023—2025 年）（征求意见稿）》

2023 年 2 月 23 日，北京市东城区发布《东城区加快元宇宙产业高质量发展行动计划（2023—2025 年）（征求意见稿）》公开征集意见的公告。北京市东城区力争通过 3 年努力，推进元宇宙产业链条化、规模化，形成 100 家以上元宇宙生态链企业。依托故宫—王府井—隆福寺“文化金三角”、东城园国家文化和科技融合示范基地等空间，落地建成 10 项元宇宙示范应用场景项目。在 AR/VR、区块链、人工智能等元宇宙相关领域，新培育 20 家专精特新企业。

2. 浙江：印发《浙江省元宇宙产业发展 2023 年工作要点》

2023 年 4 月 24 日，浙江省发展和改革委员会、中共浙江省委网络安全和信息化委员会办公室、浙江省经济和信息化厅、浙江省科学技术厅、浙江省市场监督管理局 5 部门联合印发《浙江省元宇宙产业发展 2023 年工作要点》，提出到 2023 年底，引育 4 个行业头部企业，打造 20 家“专精特新”企业；推广 4 个行业标杆产品，打造 20 个创新示范应用场景；建设 4 个产业平台，打造 15 个赋能创新中心等。

3. 上海：印发《上海市“元宇宙”关键技术攻关行动方案（2023—2025 年）》

2023 年 6 月 14 日，上海市科学技术委员会印发《上海市“元宇宙”关键技术攻关行动方案（2023—2025 年）》。行动方案围绕“元宇宙”内容、存算、传输和终端等技术层面，结合国内外产业发展情况和本市研发基础，聚焦沉浸式技术、Web 3 技术两大主攻方向，在沉浸影音、沉浸计算、新型显示、感知交互与区块链等关键技术领域打造新高地。

4. 成都：印发《成都市元宇宙产业发展行动方案（2022—2025 年）》

2023 年 1 月 3 日，成都市新经济发展工作领导小组办公室印发《成都市元宇宙产业发展行动方案（2022—2025 年）》（以下简称《行动方案》），这是成都首个聚焦元宇宙产业的政策文件。《行动方案》提出，到 2025 年，成都元宇宙产业体系初具雏形，相关产业规模达到 1500 亿元，构建起完整的成都元宇宙产业链，研究掌握一批核心技术、引进培育一批优质企业、融合打造一批特色应用场景、开发储备一批城市 IP，对产业转型升级、城市治理形成引领带动作用。

5. 苏州：出台《苏州市培育元宇宙产业创新发展指导意见》

2023 年 1 月，苏州出台《苏州市培育元宇宙产业创新发展指导意见》，提出核心技术加速突破、产业规模全国前列、产业生态持续完善、融合应用不断深化等发展目标。到 2025 年，培育集聚元宇宙核心企业超 200 家，元宇宙相关产业规模达到 2000 亿元。在工业、医疗、文旅、教育、城市管理等契合度较高领域率先探索打造 30 个应用场景示范项目，打造苏州人工智能产业创新集群，推动全市软件和信息服务业业务收入超 3000 亿元；打造苏州新型显示产业创新集群，推动全市电子信息产业规模突破 1.8 万亿元。

6. 郑州：发布《关于开展元宇宙典型案例及创新场景需求征集工作的通知》

2023 年 2 月 7 日，郑州市制造业高质量发展工作领导小组办公室发布《关于开展元宇宙典型案例及创新场景需求征集工作的通知》。提出打造中部地区元宇宙产业创新发展先行区、引领区，面向智能制造、教育、文旅文博、医疗卫生、社会治理、商务办公、展览体验、商贸消费、智能网联汽车、农业食品、人工智能等领域的元宇宙相关硬件、软件、服务、应用，开展元宇宙典型案例及创新场景需求征集。

7. 合肥：发布《合肥高新区元宇宙产业发展规划（2023—2028）》

2023 年 2 月 14 日，《合肥高新区元宇宙产业发展规划（2023—2028）》发布。目标到 2028 年，元宇宙相关产业规模突破 800 亿元；建成 5 个国内一流的元宇宙技术研究和创新平台，累计申请相关专利超过 800 项，突破关键核心技术超 50 个；引进培育元宇宙领域科技领军人才 50 名、青年创新创业团队 100 个，相关从业人员 50000 人；培育和引进 10 家以上具有国际竞争力的创新型头部企业和“链主企业”，打造 50 家以上

“专精特新”企业，培育 100 家创新型中小企业；推动建设 2 个以上具备特色的元宇宙产业园区，落地 10 个以上“元宇宙+”“+元宇宙”的重大示范应用项目。

8. 武汉：发布《汉阳区关于加快元宇宙创新发展扶持政策(试行)》

2023 年 2 月 27 日，武汉发布《汉阳区关于加快元宇宙创新发展扶持政策（试行）》。对从事虚拟现实、增强现实、数字孪生、人工智能、区块链、GPU、交互、物联网等元宇宙底层支撑技术；研发生产虚拟主机、VR(虚拟现实)、AR(增强现实)、MR(混合现实)、脑机交互等元宇宙终端设备；聚焦教育医疗、服装设计、文化创意等元宇宙场景内容搭建和生产等企业进行具体扶持。

9. 济南：出台元宇宙八条政策

2023 年 6 月 6 日，济南新旧动能转换起步区出台元宇宙八条政策。政策提出，起步区将全力培育元宇宙市场主体，强化项目招引力度。重点吸引虚拟现实、增强现实和全息显示设备制造企业以及云端实时渲染和分布式内存计算等关键基础软件开发企业，优先提供产业载体空间和人才公寓等支持。针对元宇宙企业发展的不同情况，起步区推出了多项政策补助资金，其中企业最高可获 1000 万元补助，个人最高可获 300 万元补助。

10. 昆明：公布《昆明市数字经济发展三年行动计划（2022—2024 年）》

2023 年 1 月 3 日，昆明市人民政府网公布了《昆明市数字经济发展三年行动计划（2022—2024 年）》（以下简称《行动计划》），其中提及壮大区块链产业和超前布局元宇宙产业：到

2024 年，昆明市将建成 1 个元宇宙发展试验区，形成 5 个以上元宇宙创新应用试点；并新增 10 家以上具备较强竞争力的技术龙头区块链企业，孵化 20 个以上区块链特色应用。《行动计划》提出，昆明市力争通过 3 年时间，全市数字经济规模翻一番，突破 5000 亿元，年均增长 25%以上。

11. 无锡：印发《无锡市元宇宙创新发展三年行动计划（2023—2025 年）》

2023 年 2 月 28 日，《无锡市元宇宙创新发展三年行动计划（2023—2025 年）》印发。目标到 2025 年，力争将无锡市打造成为元宇宙领域的“元技术”创新高地、“元产业”发展高地、“元作品”创作高地，元宇宙技术创新能力、核心产业规模和应用示范处于国内领先水平，元宇宙成为助推无锡市数字经济发展的新引擎。到 2025 年，建设 2~3 家元宇宙创新载体，组织实施 10 个以上元宇宙领域重大项目，引育 10 家以上元宇宙细分领域龙头企业，汇聚 10 个以上元宇宙领军人才团队，打造若干创新体验中心，推动形成一批元宇宙示范应用场景，元宇宙核心产业规模突破 500 亿元。

第 81 问：元宇宙时代有哪些职业机会和就业方向？

现今，元宇宙的脚步离人们越来越近，它不仅通过虚拟会议和协作工作区改变人们的工作方式，而且元宇宙的无限可能性将产生更多全新的职业，这些职业似乎更适合在科幻小说中出现。就像 30 多年前的互联网一样。产生的新职业有许多种，以下仅列举元宇宙里将会产生的 10 种新职业。

1. 元宇宙造型师

造型是元宇宙系统里最基础的项目，每个人需要定制自己的虚拟形象，打造虚拟分身。其实造型目前在传统游戏、社交等中早已存在，早期部分游戏通过提供大量的造型供用户选择，但随着个性化的需求，定制造型是大势所趋。

2. 元宇宙营销策划师

在过去的几年里，“首席营销官”这个头衔突然出现了，这个职位本质上是指那些对快速发展的互联网文化了如指掌的人，他们能够与公司一起制定战略，以确定如何最好地将品牌与受众联系起来。元宇宙营销人员也会做同样的事，但这是基于元宇宙的复杂世界。

3. 元宇宙建造师

元宇宙建造师将根据元宇宙自身提供的 Build 软件，在玩家购买的土地上进行一砖一瓦的建设，包括整体结构规划、地板铺设、墙面涂刷、各个楼层功能设计等，最终根据玩家要求建设成展馆、总部大楼等，用于会议和展出。

4. 元宇宙道具师

现实世界中，人们进行社交除了服饰、包包之外，还有用于出行的汽车、游艇等，元宇宙中也同样需要各种优质道具来满足玩家的新奇或者身份象征等。在海外各大平台上（如 OpenSea

等）就已经有专业道具卖家生产的跑车、战舰等元宇宙内的道具，价格不菲，但销量也非常可观。

5. 元宇宙服务员

只要有各种活动，就需要有配套的服务或者协助工作人员。元宇宙未来会有各种谈话节目，甚至是相声或者脱口秀等，以及线上 KTV 等，这些活动有的需要音响师在旁边弹奏钢琴配合气氛，有的需要台下观众提供互动，再或者有消费者愿意邀请人气唱将千里之外一起线上唱歌等，这些都需要一系列服务人员。

6. 元宇宙资产顾问理财师

随着如此多的公司进入元宇宙和数字资产的爆炸式增长，元宇宙资产顾问将是元宇宙中最受欢迎的工作之一。就像如今的财务顾问一样，他能够对元宇宙中的资产进行合理的投资。一个元宇宙资产顾问对这些新兴的行业和变化有着更专业的理解，他们能够给用户更好的投资建议，以获得更高的回报。

7. 元宇宙导游

在元宇宙，有着无穷无尽的环境去探索，但是没有元宇宙导游专业知识的帮助，用户在元宇宙中的体验也将是不完整的。元宇宙导游将和用户一起从一个环境跳到另一个环境，为用户提供有关平台的历史知识，解锁专属体验，甚至还可以和用户在加密艺术博物馆共度时光。这些职位可以是自由雇佣的，就像现实世界的导游，也可以被区块链或虚拟世界本身雇佣，他们的加入为人们构建了一个日益完善的沉浸式环境。

8. 元宇宙律师

随着元宇宙里日益增加的资产流动，法律领域也需要能够快速适应。谁真正拥有数字艺术带来的版权问题、《中华人民共和国商标法》是否适用于虚拟世界、能否在遗嘱中加入 NFT、受益人是否需要纳税，这些都是一个优秀的元宇宙律师能够回答的问题。一家律师事务所已经在 Decentraland 中心区开设了一个虚拟律所创造了历史。

9. 元宇宙开发者

元宇宙的实现，需要运用区块链、5G、增强现实、虚拟现实、人工智能、大数据、边缘计算、脑机交互等技术，而元宇宙各类应用场景兴起的时候，将需要大量开发者。

10. 元宇宙产品经理

产品经理是一批终身学习的人群，从早期的互联网，再到移动互联网、现在的元宇宙，人们总是希望在新热点看到新的机会，能够抓住机会，就可以获得收益，元宇宙是互联网模式的升级，所有互联网产品都需要新的元宇宙产品经理进行升级，这对产品经理来说是一片蓝海。

元宇宙是一个非常庞大的生态，随着生态的发展，远远不止上述十大职业。作者相信，不久的将来，很多人都将会直接在元宇宙中工作。

第 82 问：元宇宙可能存在哪些风险？

任何事物的发展都不是一帆风顺的，元宇宙也是一样，在元宇宙发展的过程中肯定也会有各种各样的风险。图 34 显示了元宇宙存在的风险点。

图 34　元宇宙存在的风险点

1. 被资本操纵的风险

元宇宙的概念才出来不久，在股市，元宇宙的概念已经被炒作了几波，似乎沾上元宇宙概念，股价就能飙升，短短一个月实现翻倍的概念股比比皆是，部分股价的估值或已远远偏离合理水平，如此强劲的资金热捧背后，肯定有强大的资金财团作为支持，在元宇宙的发展中很难避免被资本操纵的风险。

2. 被垄断操纵的风险

元宇宙的去中心化和现实世界的中心化会存在矛盾。现实中的企业可能利用其垄断地位去操控一个去中心化的世界。这是元宇宙可能存在的一个风险。

3. 元宇宙经济运行的风险

现实的经济运行有中央政府做宏观的调控，有这么多年的经验积累，还有很多的监管和监测，才能达到现在相对稳定的格局。而在元宇宙中采用去中心化的运行机制，全靠技术和共识规则，人们很难保证技术和规则不存在漏洞，一旦出现问题就有可能导致整个系统的崩塌。

4. 沉迷堕落风险

元宇宙会比现在的游戏更加让人上瘾，人类有可能沉迷在元宇宙中不能自拔，在这种情况下，随着元宇宙的持续发展，沉浸式体验感日益增强，造成的社会问题就会越来越严重，这样的元宇宙是人们不希望看到的，这也是元宇宙的另一个风险。

5. 技术风险

人们知道，支撑元宇宙的技术包括区块链、交互、游戏、网络算力、人工智能和物联网技术等。而从技术方面来看，5G、云计算、AR/VR、区块链、人工智能等相应底层技术距离元宇宙落地应用的需求仍有较大差距。元宇宙要成熟落地，仍需要大量的基础研究做支撑，技术局限性是元宇宙目前发展的最大瓶颈和风险。

6. 知识产权的风险

在元宇宙里面，随着加入的企业越来越多，将会产生大量的 UGC 和跨虚实边界的 IP 应用，这无疑加剧了知识产权管理的复杂性和混淆性。加之元宇宙是个去中心化的治理架构，如果没有有效的解决机制，知识产权将会成为元宇宙发展的一项重要风险。

第 83 问：元宇宙内如何进行道德、规则约束？

元宇宙里道德、规则约束，其实与现实社会的约束并没有本质区别，元宇宙发展到一定阶段，也是一种虚拟的人类社会，人们只不过是把某些社会契约变成数字契约。在现实中，主要靠各种社会规则和伦理道德来约束，保持社会处在一种稳定的状态。在元宇宙中，要依次类比，把规则和道德约束划分为两大类：一类称为内在约束，指社会成员将规范自觉内化，约束自身行为，表现为由内到外、自生自发的自我约束，具体包括伦理规则、合约、示范性规则、组织规则。内在约束的效果最佳，一旦规范内化成功，便可在无人监督下由行为人自觉遵守。另一类来自外部被迫约束，指社区成员受到外部规则的强制约束。外部强制约束来自平台运营方执法规则、社会力量发布的社会执法规则、由组织发布的组织执法规则、由政府发布的公共执法规则等。

首先，元宇宙以内在约束规则为主。元宇宙内在约束规则具有自发性、自适应性以及自实施性。元宇宙自生自发形成的秩序规则时常受到内部与外部的诸多干扰，波动起伏较大，有时存在不合意、不合理缺陷，但其仍然是元宇宙秩序的基础。

其次，元宇宙以外部约束规则为辅。元宇宙的自治规则旨在维护元宇宙的社会秩序，包含了协商与缔约的契约内涵。元宇宙中的主体一般会通过与利益相关者达成社会契约的方式来解决问题，最终形成自治规则。政府可通过建立自治规则的备案审查制度，介入元宇宙的社会治理。去中心化并不意味着没有监管，一定的监管也不意味着没有自治空间。政府的适度介入能够防止元宇宙开发者的不当逐利行为以及元宇宙中损害经济秩序和安全秩序的行为。例如，政府可以规定元宇宙社区自治规则的最低标准，如服务条款的标准化和透明度，对元宇宙社区的发展壮大产生促进作用。

第 84 问：元宇宙已经成为泡沫了吗?

从 1992 年尼尔·斯蒂芬森(Neal Stephenson)的赛博朋克小说《雪崩》中首次引入这个概念以来，元宇宙这一词汇总是让人浮想联翩。人们在各种各样的中外电影中看到身临其境的虚拟世界，也目睹了现实生活中 AR/VR 眼镜的出现和发展，还尽情享玩了把虚拟和现实相结合的混合现实游戏，这些都是人们能够亲身体会到的元宇宙相关技术发展过程。但同时，也注意到了很多元宇宙的发展瓶颈，信息隐私、用户安全、硬件障碍等问题成为元宇宙技术发展道路上的层层高山。扎克伯格从 2019 年宣布 Facebook 公司更名为 Meta 并致力于开发元宇宙，到 2023 年 2 月宣布公司的重心从元宇宙转向专注于人工智能，仅仅经历了不到五年，这或许在向人们证明想要实现元宇宙真的很难。

到现在为止，仍有不少人认为元宇宙处于早期阶段，其在媒体和娱乐、通信、医疗保健，甚至教育和企业工具方面仍有巨大的潜力。元宇宙热度趋冷的原因或许是其无法在短时间内获得显著的技术进步和技术成效，进而无法吸引资金投入。元宇宙概念是宏大的，人们所见只是其冰山一角，想要让“冰山”变为“矿山”，必然需要更多的技术支持。元宇宙进化大致需要四个方面的技术支持：设备、应用、平台和数据连通。

设备方面的发展受到多个相关领域推动，包括传感器、显示分辨率、电池寿命、网络延迟和计算性能等。近日，英伟达超级芯片 GH200 Grace Hopper 的批量生产与苹果推出的 Vision Pro MR 头显又把元宇宙概念拉回到大众视野中。

应用方面，虽然目前难以实现大范围的应用推广，但在部分专精技术领域已经小有成效，例如，微软一直致力于开发针对工作场所的元宇宙相关技术；奔驰正在使用英伟达的 Omniverse 3D 作为创建和操作元宇宙应用程序的平台，构建工厂设备的 3D 复制品，以便通过模拟来规划和优化流程。

开发平台及其技术会对构建和交付什么样的元宇宙体验以及何时构建和交付产生巨大影响。其同样受到多个领域发展限制，包括 3D 图形渲染、同步定位和映射(SLAM)、传感器和传感器融合、区块链、计算能力和高速连接。如今，已经有各种开发平台提供不同的功能。如 Decentraland 允许个人和组织在虚拟元宇宙世界中购买土地并通过个人计算机访问该虚拟土地。Spatial. io 平台可以构建独立的虚拟空间并通过 VR 耳机访问。但这些平台仍然和理想有很大差距。

当今，大多数元宇宙体验都对网络提出了极高的要求，元宇宙应用需要可靠且高速的连接，并且元宇宙世界流式传输的内容会越来越多。这意味着相关内容需要从外部服务器流式传输到穿戴设备，这将要求具有高带宽、高容量和超低延迟的网络，高性能、高精度和高传速的传感器。尽管数据连通技术发展缓慢但近期仍有突破，2023 年 4 月，我国相关研究所实现了在 10GHz 的传输带宽上完成 100Gbit/s 无线实时传输实验，最大限度提升了带宽利用率，极大提高了数据传输速率。

可见元宇宙虽然进化缓慢，但随着科学技术的不断进步，也终将实现。所以，与其说元宇宙已经成为泡沫，倒不如说元宇宙是个很难吹起来的泡泡。

第 85 问：元宇宙是否会形成下一个人类文明？

首先，笔者认为元宇宙会形成下一个划时代的人类文明。先回顾一下人类经历的三大文明阶段。分别是原始文明、农业文明以及工业文明。

1. 原始文明

人类经历了几百万年的原始社会，通常把这一阶段的文明称为原始文明或狩猎文明。原始文明是人类文明的第一阶段。原始人的物质生产能力非常低下，在这一漫长时期中，人类文明的代表成就就是取火和用火，以及制造骨器、石器等工具。

2. 农业文明

农业文明是人类文明的第二阶段。大约距今一万年前出现了人类文明的第一个重大转折，由原始文明进入农业文明。农业文明代表性的成就是青铜器、铁器、文字、造纸、印刷术等，主要的物质生产活动是农耕和畜牧。人类不再依赖自然界提供的现成食物，而是通过创造适当的条件，使动物和植物得到生长和繁衍，并且改变其某些属性和习性。对自然力的利用已经扩大到若干可再生能源，如畜力、风力、水力、电力等，加上各种金属工具的使用，从而大大提高了改造自然的能力。

3. 工业文明

工业文明是人类文明的第三阶段。在这一阶段，人类运用科学技术来控制和改造大自然。人们大规模地开采各种矿产资源，广泛利用高效化石能源，进行机械化的大生产，并以工业改造农业，使农业也实现了工业化。下面是工业文明的 4 个阶段。

- 第一次工业革命，始于 18 世纪 60 年代，又称蒸汽机革命。其标志是瓦特发明蒸汽机，人类进入机器动力时代，或称蒸汽时代。
- 第二次工业革命，始于 19 世纪 60 年代后期，又称电力革命。其标志是发电机、电动机和电灯的发明，随后建立电力输变电系统，产生电力工业；发明内燃机，出现汽车和航空工业；发明电子管，产生电子工业。人类进入电气时代。
- 第三次工业革命，始于 20 世纪四五十年代，又称新科学技术革命，其标志是原子能、空间技术、电子计算机的发明与应用。新科学技术革命推动了社会生产力的发展，通过生产技术的不断进步提高劳动生产率；促进了社会经济结构和生活结构的重大变化，其结果就是第一产业、第二产业在国民经济中比重下降，第三产业的比重上升。人类进入信息时代。

- 第四次工业革命，工业物联网，工业智能化时代，也就是近年来比较火热的一个概念：工业 4.0。

笔者认为，第四个人类文明属于数字文明，人们目前正处于数字文明的人工智能化阶段，未来，智能的现实世界和智能的虚拟世界融合共生，通过元宇宙实现全面数字化且具备高度智能的数字文明必将完成对工业文明的最终升级与取代。

第 86 问：元宇宙的最终形态是什么样的？

目前大部分学者把元宇宙的发展分为 3 个阶段。分别是由实到虚，再由虚到实，最后虚实相生。

第一个阶段，由实到虚。从数据角度来讲，也可以叫作数字孪生的阶段。也就是把现实世界的东西搬进数字世界里，现实世界在数字世界中有一个对应的镜像。

第二个阶段，虚实结合。在元宇宙的初级阶段，现有物理世界的生产过程和需求结构尚未改变，线上与线下融合的商业模式将继续以沉浸式体验的方式加速进化，在元宇宙里产生现实世界没有的事物。从数据的角度来讲可以叫作数字原生，在虚拟数字世界里无中生有地制造出各种资产、商品、服务、身份等，元宇宙发展到一定的阶段必然会反过来作用到实体世界。

第三个阶段，虚实共生。也就是元宇宙发展到一定成熟期，人们将不再区分线上线下、虚拟和现实了，现实世界融合了虚拟场景，虚拟世界实时影响现实世界，两者密不可分。

这三个阶段的划分与作者的观点相同，人类的虚实共生是元宇宙的最终形态吗？ 除了人类虚实共生还有没有其他的进一步发展的可能性？ 作者认为还是有的，理论上是存在的，那就是脱实向虚，什么叫作脱实向虚？作者认为只要有人的存在，就很难脱离现实世界，给大家描述一下，脱实向虚有两种极端情况，一种情况是元宇宙的终极形态是人类永生，即人类借助脑机接口的交互技术上传整个大脑到虚拟空间，而彻底摆脱物理躯壳的束缚。届时，人类在虚拟空间的时间占比可能接近 100%，而人类的生理需求也将不断降低，取而代之是完整的精神意识。这一状态下，目前物理世界关于衣食住行的生产可能将失去意义，元宇宙甚至不需要再在虚拟世界模拟现实种种，而是直接向人类神经元提供相应效果的感官刺激，但这也必将面临道德伦理的重审。

另外一种极端情况就是元宇宙可能发展到的另外一种终极形态，在未来的某一天，人类因为某种原因全部灭亡了，在元宇宙里，只剩下了数字原生人，或者说只剩下了非玩家控制角色（NPC），并且元宇宙的算力达到了某个临界阈值，让元宇宙中的数字原生人产生了自我意识，而在现实世界，到处都是仿真机器人，被元宇宙中产生的数字原生意识人控制着，给予了它们在现实世界活动的身体，通过机器人到现实世界维持整个元宇宙运行的设备和算力，这样虚拟人控制着整个世界，碳基文明被硅基文明所取代，地球将会变成一个机器人的世界。

Web 3.0篇

第 87 问：什么是 Web 1.0？

Web 1.0，有时也被称为静态网页或者只读网，是互联网的早期阶段，通常指的是自互联网在 1991 年诞生起到大约 2004 年这段时间。在这个阶段，互联网被视为一个巨大的信息发布平台，用户可以浏览和阅读信息，但没有太多的互动或参与的机会。

Web 1.0 的网站主要由 Hyper Text Markup Language（HTML）和 Common Gateway Interface（CGI）脚本创建。这种语言和脚本允许创建者构建静态的网页，这些网页可以展示文本、图像、音频和视频内容。HTML 被用来定义和布局页面元素，而 CGI 被用来响应用户的请求，例如，当用户在表单中输入信息时。然而，这些请求并不会改变页面的内容或结构，这也就意味着 Web 1.0 的网页无法被用户修改或交互。

这个阶段的互联网主要是由网站所有者或管理员来创建和维护的，用户不能对其进行更改或添加内容。因此，网站的内容通常被看作是权威性的，因为它们只能由网站所有者或指定的人员进行更新。这种情况在一些大型的新闻网站和公司网站上尤其明显，这些网站的内容更新往往需要通过一个集中的编辑过程。

在 Web 1.0 的阶段，互联网的功能主要是信息传递，这包括电子邮件、新闻、论坛等。电子邮件服务是早期互联网最重要的一部分，它使得人们可以快速、方便地在全球范围内发送和接收信息。新闻网站的出现，提供了一个在线获取新闻的途径，而论坛则是用户交流思想和信息的地方。尽管用户可以在论坛中发表自己的观点，但这种互动仍然相对有限，因为用户不能对论坛的主要内容进行修改或添加。

此外，Web 1.0 的网站也包括一些基本的在线工具，如搜索引擎、电子邮件服务和网页浏览器。这些工具为用户提供了更多的方便，但它们仍然被限制为一种被动的角色，用户不能通过这些工具来改变或增加网站的内容。

总的来说，Web 1.0 代表了网络的起始阶段。在这个阶段，互联网是以发布者为中心的，用户主要扮演的是内容消费者的角色。

第 88 问：什么是 Web 2.0?

Web 2.0，有时也被称为参与性网页或者社交网，代表着互联网的第二个阶段。这一阶段大约从 2004 年开始，标志着互联网从一个主要被动浏览的平台转变为一个用户可以积极参与和共享的平台。这个概念是由 O'Reilly Media 在 2004 年的一个会议上首次提出的，用于描述新一代的网络服务和应用。

Web 2.0 的核心理念是“社区驱动”。在 Web 2.0 的环境下，用户不再只是信息的消费者，他们也成为信息的创造者和贡献者。用户生成内容（UGC）开始在各种社交媒体平台，如

Facebook、YouTube、Twitter 等上占据主导地位。这个阶段的网站允许用户创建、编辑、共享和评价内容，从而创建出一种全新的网络体验。

Web 2.0 的技术包括 Ajax、RSS、SOAP 等，这些技术使得网页能够在无须刷新整个页面的情况下更新信息，也使得用户可以订阅网站更新。这种实时互动性和个性化的体验在 Web 1.0 时代是不存在的。在 Web 2.0 的世界中，网页不再是静态的，而是可以动态改变和更新的，这带来了一种更丰富的用户体验。

Web 2.0 时代的一个重要特征是社交网络的兴起。这些社交网络如 Facebook、Twitter、LinkedIn 等，不仅提供了用户与其他人交流和分享的平台，而且也成为内容创作和分享的重要工具。用户可以在这些平台上发布自己的想法和感受，分享他们的生活照片和视频，以及参与到各种在线社区中。这种社交网络的广泛使用使得 Web 2.0 时代的互联网变得更加互动和社区化。

此外，Web 2.0 时代还见证了各种新型的在线服务和应用的出现。例如，博客和维基网站使得用户可以非常容易地发布和编辑自己的内容，电子商务和在线广告也得到了极大的发展。这些服务和应用的出现，极大地丰富了互联网的内容和功能，也给用户带来了更多的便利。

Web 2.0 的发展，不仅改变了互联网的面貌，也极大地影响了人们的生活。在 Web 2.0 的世界中，信息的创造和分享变得更加自由和开放，用户的参与度也大大增加。然而，这也带来了一些新的挑战，如信息过载、隐私保护等问题。总的来说，Web 2.0 标志着互联网从一个单向信息发布的平台，转变为一个用户驱动、高度互动的平台。

第 89 问：Web 3.0 的基础是什么？

Web 3.0，也被称为语义网或者智能网，是互联网发展的第三个阶段。Web 3.0 主要是建立在 Web 2.0 的基础之上的，但是它又引入了一些新的概念和技术。

以下是构成 Web 3.0 基础的一些关键概念和技术。

- 语义网（Semantic Web）：Web 3.0 的一个核心概念就是语义网，它是由万维网联盟（W3C）的创始人蒂姆·伯纳斯·李提出的。语义网的目标是让机器可以理解网页内容的意义。为了实现这个目标，网页的数据需要以一种机器可以理解的方式进行标记。这涉及一些新的标记语言和技术，如资源描述框架（RDF）、Web 本体语言（OWL）和 SparQL 等。
- 人工智能（Artificial Intelligence，AI）：Web 3.0 被视为一个智能的互联网，其中包含了大量的人工智能技术。这些技术包括机器学习、自然语言处理、知识图谱等，它们可以帮助计算机理解和处理网页内容，提供更智能的搜索结果和服务。
- 用户体验（User Experience）：Web 3.0 也注重提供个性化的用户体验。通过理解用户的需求和行为，网站可以提供更精准和个性化的内容和服务。这涉及推荐系统、个性化搜索、用户行为分析等技术。

- 数据互操作性（Data Interoperability）：Web 3.0 强调数据的互操作性，即不同的网站和应用能够共享和利用彼此的数据。这需要一些新的标准和协议，以实现数据的交换和整合。
- 去中心化（Decentralization）：在 Web 3.0 中，去中心化是一个重要的趋势。这意味着数据和服务不再集中在几个大公司手中，而是分散在许多小的节点中。这有助于保护用户隐私，防止数据垄断，并增加互联网的鲁棒性。区块链技术就是实现去中心化的一种重要技术。

总的来说，Web 3.0 的基础主要是建立在 Web 2.0 的基础之上，但同时又引入了语义网、人工智能、用户体验、数据互操作性和去中心化等新的概念和技术。这使得基于 Web 3.0 的互联网更加智能、个性化，并提供更为丰富和沉浸式的用户体验。

第 90 问：什么是 API？ API 在 Web 3.0 中有什么重要作用？

API（Application Programming Interface）一般被称作应用程序编程接口。在此概念中，应用程序一词指的是具有独特功能的任何软件，它既可以是计算机中的某个办公软件，也可以是用来放松娱乐的游戏软件。而接口被认为是两个应用程序之间交流通信的规则协议。它定义了两个不同的软件如何使用请求和响应相互通信和传输数据。对于开发者来讲，API 就如同一座架在不同应用程序间的桥梁，它能够帮助开发者快速调用某一程序功能而不必去了解其实现方式和底层原理。

微服务（Microservices）架构是一种开发软件的架构和组织方法，它通过集合各式各样耦合度低的服务进而使应用程序的构建变得简单，它使组织能够快速、频繁、可靠和可持续地交付大型、复杂的应用程序，加速创新并缩短新功能的上市时间。

我们已经了解到，Web 3.0 是一种基于区块链技术的去中心化网络。Web 3.0 API 和微服务架构允许不同的软件系统相互通信和交换数据，从而实现不同技术和平台之间的互操作性，这种特性完美契合 Web 3.0 的发展方向。

Web 3.0 API 为不同的去中心化应用程序提供了一种标准化的方式来相互交互，从而更容易构建集成的、可互操作的应用程序。由于使用了去中心化技术和协议，Web 3.0 API 使开发人员能够构建更具可扩展性、灵活性和安全性的去中心化应用程序。它可以通过提供预构建、可重用组件，帮助降低开发成本并加快 Web 3.0 应用程序开发服务的上市时间并帮助实现新的用例和业务模型，如点对点市场、去中心化社交网络等。

微服务架构使得向应用程序添加新特性和功能变得更加容易，这有助于降低开发成本并加快上市时间。它使 Web 3.0 开发服务能够通过利用去中心化技术和协议来构建更具弹性、安全性和互操作性的去中心化应用程序，进而帮助实现新的业务模型和用例，这为 Web 3.0 开发服务创造了新的机会。

第 91 问：什么是 DeFi?

1. DeFi 的概念

DeFi 是 Decentralized Finance（去中心化金融）的缩写，也被称作 Open Finance。它实际是指用来构建开放式金融系统的去中心化协议，旨在让世界上任何一个人都可以随时随地进行金融活动。在现有的金融系统中，金融服务主要由中央系统控制和调节，无论是最基本的存取转账，还是贷款或衍生品交易。DeFi 则希望通过分布式开源协议建立一套具有透明度、可访问性和包容性的点对点金融系统，将信任风险最小化，让参与者更轻松便捷地获得融资。

2020 年，区块链技术在分布式金融领域取得了巨大进展，DeFi 经历了两年多的酝酿，出现了现象级的爆发。DeFi 行业锁定的资产总量已经超过 35 亿美元。DeFi 惊人的增长速度以及业务发展的巨大空间引发了巨大关注。

2. DeFi 的优势

DeFi 是个较为宽泛的概念，包括货币发行、货币交易、借贷、资产交易、投融资等。举例来说，如果在传统金融想做抵押借贷，就需要进行身份审核、资产评估等一系列手续，非常麻烦。而 DeFi 则只需要在相应平台上通过智能合约抵押数字资产，就可以完成借贷。同时，DeFi 还通过预言机、稳定币等多种手段将现实世界的资产、数据映射到链上。DeFi 将传统金融搬到区块链网络，降低了协作成本，提高了运营效率。

相比传统的中心化金融系统，DeFi 平台具有以下三大优势。

- 有资产管理需求的个人无须信任任何中介机构，新的信任在机器和代码上重建。
- 任何人都有访问权限，没有人具有中央控制权。
- 所有协议都是开源的，因此任何人都可以在协议上合作构建新的金融产品，并在网络效应下加速金融创新。

自 DeFi 的概念诞生以来，已经逐渐发展出借贷、衍生品、保险、支付平台等多种金融创新形式，并且结合区块链技术通证激励的特点，形成了更多元化的业务模式。但是 DeFi 的广泛应用仍需漫长的道路。目前很多区块链从业者非常看好 DeFi 的前景，众多大型区块链技术公司也在进行布局。

未来，DeFi 可能发展出一个既能映射传统金融的各种领域，又具备自身更为先进业务模式的崭新的金融世界。

第 92 问：什么是 DAO？

去中心化自治组织（Decentralized Autonomous Organization，DAO）是运行在区块链系统上的一个组织，是一种基于区块链技术的数字世界组织形态，它的组织规则由分布式的程序执行，能使参与者的利益一致，并且共同实现组织目标。

DAO 有几大特征：信息透明、通证激励、代码开源、社区自治、参与者拥有对组织的所有权、自由开放。和公司最大的区别在于，DAO 并不通过法律与合同组织在一起，处于不同司法辖区的用户，甚至人工智能都能组成 DAO。

元宇宙时代的 DAO，就如同大航海时代快速发展的现代公司制。生产环境的变革催生着新的组织方式，从大航海时代到元宇宙，组织形式将不断变化演进。

首先，与传统企业相比，DAO 的一个最大优点就是透明度高，因为任何人都可以看到 DAO 中的所有行动和资金，这大大降低了引发腐败和审查制度的风险。上市公司必须提供经过独立审计的财务报表，但股东并不能随时随地去了解公司的财务状况。相比之下，DAO 的资产负债表存储在公共区块链上，用户可以在任何时间了解每笔交易发生了什么，因为 DAO 始终保持了完全透明。

其次，与传统公司相比，DAO 更易于在全球范围内访问，而且进入门槛较低。鉴于较高的透明性和较低的进入门槛，就算有不同意规则和行动的 DAO 成员，转换成本可能也相对较低。此外，DAO 可能还需要快速发展以满足成员的需求。

事实上，DAO 的形态非常广泛，它可能是某种数字货币，也可能是一个系统或者机构，甚至可能是无人驾驶汽车。它们为客户提供有价值的服务，这种服务可以是货币传输（如比特币）、应用平台（如以太坊）、域名管理系统（如 Namecoin），或者是任意一种其他商业模式，这些商业模式显然更像是特定机构的股票，而不是单一的货币。每个 DAO 都有其自己的条款和条件。

用户将永远有权查看其拥有的、可支配的、数字货币形式的DAO股份，并且有可能从中获得股息。比特币和以太坊就是典型的DAO，绝大多数的规则都是公开透明的，如数量上限、竞争记账的共识方式和规则等，用户从某种程度上可以将它看成一个没有人控制的支付机构，而每个拥有比特币或以太币的人都会是该机构的股东，而那些矿工和开发者也通过贡献自己的服务成为该机构的参与者，当该机构被越多的人需要时，他们持有的股份权益就有可能会增值，增值之后他们就可以分享机构的收益，参与机构的成长。

总的来说，DAO是一种全新的机构形态，可能是未来互联网上组织形态的雏形，不受任何个人的控制却有明确的目标，能够自己进化和发展。

第93问：DAO存在哪些问题及会带来哪些挑战?

去中心化自治组织（DAO）作为一种创新的组织形式，利用区块链技术实现去中心化的决策和治理。然而，尽管DAO有很多潜在的优势，如透明度、效率和包容性，但它们也面临着一些重要的问题和挑战。

- 安全问题：2016年，一个名为The DAO的项目因智能合约的漏洞而遭受攻击，导致损失了大量的以太币。这个事件表明，智能合约的安全问题是DAO面临的一个重要挑战。智能合约的编写错误或者漏洞可能被恶意利用，导致严重的安全问题。

- 法律和监管问题：DAO 的法律地位和责任尚不清晰。因为 DAO 没有中心化的管理结构，如果出现问题或者争议，比如财务争议、知识产权侵权等，很难确定责任。另外，各国/地区的监管部门还没有明确的规定和指导，这也增加了 DAO 的运营风险。
- 治理问题：虽然 DAO 的目标是实现民主和公平的治理，但实际上可能会出现一些问题。例如，持币大户可能会影响 DAO 的决策，导致权力的集中。另外，投票参与度的问题也是一个挑战，因为许多持币人可能没有足够的时间和专业知识来参与 DAO 的治理。
- 技术复杂性：DAO 通常基于区块链和智能合约技术，这些技术的复杂性可能会排除许多潜在的用户。虽然有一些工具和平台正在试图简化 DAO 的创建和管理，但这个问题仍然存在。
- 社区和文化问题：DAO 依赖其社区的参与和贡献，但建立和维持一个活跃、健康的社区并不容易。另外，DAO 的文化，如开放、合作和自我治理，可能与传统的企业文化有很大的不同，这可能会让某些人排斥。

尽管存在上述挑战，但 DAO 仍然有巨大的潜力，可以改变我们的组织和决策方式。许多公司和项目都正在尝试解决这些问题，以推动 DAO 的发展。

第 94 问：什么是 DAE?

什么是 DAE？ DAE 指的是分布式自治企业，是一种将来可能在现实世界和元宇宙中出现的新型企业运作模式，它有可能会逐步取代现有的企业运作模式，成为创造和满足用户需求的社会组织单元主体。这个名词对大部分人来说是比较陌生的，接下来笔者从以下几个角度，阐述什么是分布式自治企业。

第一，股权角度，通过代币 Token 的机制，在公司内部发行股份，在无须监管方参与的情况下进行股份的公开发行。用合法的方式记录企业的所有权，并且这些股权可以在区块链上进行转让流通。

第二，股东角度，DAE 的注册地虽然还是在某个具体的管辖区，但股东可以通过 ICO（首次代币发行）和众筹的方式获取代币股权权益，并且股东的数量是没有数量限制的，股东可以分布在全世界范围内，并没有地域、国籍的限制，每个股东并不需要实名认证、身份绑定。

第三，企业运营决策角度，股东们可以通过代币投票的机制管理 DAE，公司的很多日常决策、工作任务都可以通过智能合约进行编码，公司成员、工作流程都根据智能合约约定好的特定规则和流程进行运作。

第四，财务管理和投票选举机制，去中心化股权证书可以绑定去中心化数字钱包，公司分红都是通过区块链上的智能合约进行自动分红，公司的资产可以放置在资产钱包里，每一笔需要股东决策的支出都可以通过众股东私钥签名的形式达成决策共识，并且投票选举机制也是根据用户持有的股权代币份额进行投票选举的，保证每个人能够跨时空享受股东的权益。

第五，平台应用角度，由于公司为去中心化的文化属性，公司运营的应用平台将会以去中心化应用程序（DApp）为主，DApp 是在 P2P 网络上而非在一台独立的计算机中运行的应用程序，DApp 就是区块链上的应用程序，是区块链世界中的服务提供形式，类似于 App 之于 iOS 和 Android。

第六，员工办公角度，任何人和组织都可以成为公司的员工，在智能合约的共识机制下，可以随时参与和退出，不需要跟人打招呼。只要他们完成智能合约制定的任务，并获得系统认证，就能立即获取相应的回报和奖励，他们的任务和绩效指标都是公开透明的，因此大家工作不存在办公室政治等额外压力，使得每个人的工作都是自愿喜爱的。

在元宇宙时代，这种 DAE 形式的公司，将会越来越普及，它通过无限地扩展股东和团队的范围与数量来提高竞争力，使得人们更加专注于使命本身而不是某个组织，员工将从为公司工作转变为自己工作，为项目工作，人们也将不受限于某一家公司。

第 95 问：什么是 Web 3.0 浏览器?

Web 3.0 浏览器是一种新一代的互联网浏览器，它为用户提供了更加智能化、个性化和分布式的网络体验。与传统的 Web 1.0 和 Web 2.0 浏览器相比，Web 3.0 浏览器在功能、交互和技术实现等方面具有明显的优势，以下从几个关键方面对 Web 3.0 浏览器进行详细介绍。

- 语义化：Web 3.0 浏览器强调语义化的网络体验。在 Web 3.0 中，计算机可以理解和解释网页内容，使得网页与搜索引擎、智能代理等系统之间的互动更加高效。通过引入 RDF、OWL 等语义标注技术，Web 3.0 浏览器可以实现对网页内容的深度解析，从而帮助用户更快地找到所需信息。
- 个性化：Web 3.0 浏览器支持高度个性化的网络体验。基于用户的兴趣、行为和喜好，Web 3.0 浏览器可以提供定制化的搜索、推荐和信息过滤功能。此外，Web 3.0 浏览器还支持跨设备的同步和个性化设置，使得用户可以在不同的设备上获得一致的网络体验。
- 智能化：Web 3.0 浏览器通过引入人工智能技术，提供了更加智能化的网络服务。例如，Web 3.0 浏览器可以自动分析用户的搜索需求，为用户提供更精确的搜索结果；

通过机器学习和自然语言处理技术，Web 3.0 浏览器可以实现对大量信息的自动归纳和总结，为用户提供简洁明了的信息摘要。

- 分布式：Web 3.0 浏览器支持分布式的网络架构，使得用户可以更加方便地访问和分享信息资源。通过引入区块链、IPFS 等技术，Web 3.0 浏览器可以实现对数据的去中心化存储和传输，从而提高数据的安全性、稳定性和可靠性。
- 隐私保护：Web 3.0 浏览器强调用户隐私保护。在 Web 3.0 中，用户可以更加方便地保护自己的数据和隐私，如实现对个人数据的加密存储、匿名访问等。此外，Web 3.0 浏览器还支持去中心化的身份验证和授权技术，使得用户在享受网络服务的同时，可以保护自己的隐私和安全。
- 开放性和互操作性：Web 3.0 浏览器支持开放性和互操作性，使得用户可以在不同的网络平台和服务之间进行无缝切换。通过引入 API、微服务等技术，Web 3.0 浏览器可以实现对各种网络服务的集成和组合，为用户提供一站式的网络体验。
- 增强现实与虚拟现实：Web 3.0 浏览器支持增强现实（AR）和虚拟现实（VR）技术，为用户提供沉浸式的网络体验。通过 AR 和 VR 技术，用户可以在浏览器中实现对现实世界和虚拟世界的无缝融合，从而拓展网络的应用场景和交互方式。
- 社交网络与协同工作：Web 3.0 浏览器将社交网络和协同

工作功能融入网络的各个层面，使得用户可以更方便地进行信息分享、交流和合作。通过引入社交图谱、实时通信等技术，Web 3.0 浏览器可以实现对社交网络的智能分析和管理，从而提高用户的沟通效率和协作效果。

- 可扩展性和可定制性：Web 3.0 浏览器具有高度的可扩展性和可定制性，使得用户可以根据自己的需求对浏览器进行个性化定制。通过引入插件、扩展和主题等功能，Web 3.0 浏览器可以实现对各种网络服务的无缝集成，为用户提供丰富多样的网络功能。
- 环保和节能：Web 3.0 浏览器关注环保和节能，通过优化算法和技术实现对计算资源的高效利用。例如，Web 3.0 浏览器可以通过智能缓存、压缩等技术降低网络传输的带宽消耗；通过虚拟化、容器等技术实现对计算资源的动态调度和管理，从而提高能源利用率。

总之，Web 3.0 浏览器是一种新一代的互联网浏览器，它具有语义化、个性化、智能化、分布式、隐私保护、开放性和互操作性、增强现实与虚拟现实、社交网络与协同工作、可扩展性和可定制性、环保和节能等特点。

第 96 问：什么是 Web 3.0 社交?

Web 3.0 社交是基于 Web 3.0 技术和理念发展的新一代社

交模式，它在以下几个方面与传统社交网络和应用有所区别。

- 价值驱动：Web 3.0 社交致力于创建一个更加公平、透明的价值体系。利用区块链技术和智能合约，用户可以在社交网络中实现价值的创造、传输和交换。与此同时，Web 3.0 社交网络鼓励用户为内容创作者提供激励，例如通过代币奖励等方式，实现社交生态的健康发展。
- 去平台化：在 Web 3.0 社交中，社交应用和服务不再局限于特定的平台或公司。用户可以跨平台地使用各种社交应用，甚至自主创建和部署去中心化社交应用。这种去平台化的特点使得 Web 3.0 社交具有更强的生态多样性和创新能力。
- 社区自治：Web 3.0 社交强调社区自治，即社区成员共同参与和管理社交网络的运作。通过去中心化的治理机制，如 DAO（去中心化自治组织），社区成员可以参与决策、治理和监督，以确保社交网络的公平和透明。
- 数字身份：Web 3.0 社交支持去中心化的数字身份管理。用户可以使用去中心化身份（DID）识别方案创建和控制自己的数字身份，这样一来，用户就能在社交网络中实现身份的可追溯性和可验证性，同时保护隐私和安全。
- 跨链互操作：Web 3.0 社交支持跨链互操作，即不同的社交应用、服务和区块链之间可以实现数据和价值的传输。通过跨链技术，Web 3.0 社交网络可以整合多个区块链生态，提供更丰富的应用场景和用户体验。
- 数据所有权：Web 3.0 社交强调用户对其数据的所有权。在这个模式下，用户可以自主管理、共享和控制自己的数据。这有助于改善数据的安全性和隐私保护，同时也为数据的流动和价值创造提供了新的可能。

- 高效协作：Web 3.0 社交倡导更高效的协作模式，利用去中心化和智能化技术促进用户之间的沟通、交流和协作。例如，基于区块链的共享文档编辑、实时通信工具和协同项目管理等应用，可以为团队和个人提供高效便捷的协作平台。
- 丰富的去中心化应用程序（DApp）：Web 3.0 社交将支持大量基于区块链技术的去中心化应用程序（DApp）。这些应用程序涵盖内容创作、消费、社交互动等多种场景，为用户提供丰富的社交功能和体验。
- 跨界整合：Web 3.0 社交将实现跨界整合，将社交网络与其他领域（如金融、游戏、教育等）紧密结合。例如，社交网络中的代币和资产可以在其他领域进行流通和使用，反之亦然。这种跨界整合将为用户带来更多元化的社交体验和价值创造机会。
- 弹性和可扩展性：Web 3.0 社交具有高度的弹性和可扩展性。由于其去中心化和模块化的特点，Web 3.0 社交网络可以根据用户需求和场景进行灵活的扩展和调整。这有助于确保社交网络的高效运行，同时满足各种规模和复杂度的应用需求。

总之，Web 3.0 社交作为一种新兴的社交模式，具有一系列独特的特点和优势。相较于传统的社交网络，Web 3.0 社交在价值驱动、去平台化、社区自治、数字身份、跨链互操作、数据所有权、高效协作、丰富的去中心化应用程序、跨界整合、弹性和可扩展性等方面具有显著的优势。随着区块链技术和 Web 3.0 理念的不断发展，Web 3.0 社交有望引领社交网络的未来发展方向，并为人们的在线互动带来全新的体验。

第 97 问：什么是 Web 3.0 创作？

Web 3.0 创作是指基于 Web 3.0 技术和理念的新一代内容创作方式。与传统创作相比，Web 3.0 创作在多个方面具有明显的优势和特点，包括权益保护、激励机制、创作平台、协作方式、跨界整合、数据所有权与控制、智能化、透明度与可追溯性等。以下将从这些方面对 Web 3.0 创作进行详细的介绍和对比。

- 权益保护：传统创作中，创作者的作品往往容易被复制、盗用，导致创作者的权益受损。Web 3.0 创作采用区块链技术，将作品以数字形式存储在分布式网络中，实现作品的唯一性和不可篡改性。这有助于保护创作者的知识产权，防止未经授权的复制和传播。
- 激励机制：在传统创作中，创作者的收益通常取决于作品的销售、广告收入等渠道。而在 Web 3.0 创作中，创作者可以通过代币、加密货币等形式获得激励。这种激励机制有助于鼓励更多的人参与创作，同时确保创作者的劳动成果得到充分的回报。

- 创作平台：传统创作依赖于中心化的平台（如出版社、网站等），创作者需要遵循平台的规定和要求。而在 Web 3.0 创作中，创作者可以在去中心化的平台上进行创作，摆脱特定平台的限制。这有助于保护创作者的自由表达权，并促进创作的多样性和创新性。
- 协作方式：传统创作往往是个人或团队单独完成的过程，协作和交流较为有限。Web 3.0 创作则支持多人实时协作，通过共享文档、在线编辑等工具，实现跨地域和跨平台的高效协作。此外，Web 3.0 创作还可以通过智能合约等技术实现自动化的版权管理、收益分配等功能，进一步简化协作流程。
- 跨界整合：Web 3.0 创作支持跨界整合，创作者可以将自己的作品与其他领域（如金融、游戏、教育等）进行有机结合。例如，创作者可以将自己的作品作为数字艺术品在加密货币市场出售，或者将其应用于游戏、虚拟现实等场景。这种跨界整合为创作者提供了更多元化的创作和价值实现途径，拓宽了创作的边界。
- 数据所有权与控制：在传统创作中，创作者的数据和信息往往由平台方控制，创作者对其拥有有限的控制权。Web 3.0 创作强调数据所有权和控制权归创作者，创作者可以自主决定如何使用、共享和保护自己的数据。这有助于保护创作者的隐私和权益，同时也为数据的流动和价值创造提供了新的可能。
- 智能化：Web 3.0 创作通过引入人工智能技术，实现了更加智能化的创作过程。例如，创作者可以利用机器学习、自然语言处理等技术对大量信息进行自动归纳和总结，从而为创作提供灵感。此外，人工智能还可以在创作过程中辅助创作者进行文本校对、图片编辑等工作，提高创作的效率和质量。

- 透明度与可追溯性：Web 3.0 创作基于区块链技术，使得创作过程和结果具有透明度与可追溯性。创作者可以清晰地了解自己作品的传播、使用情况，同时也便于版权监管和维权。这种透明度与可追溯性有助于建立一个公平、健康的创作生态。

总的来说，Web 3.0 创作作为一种新兴的创作模式，具有权益保护、激励机制、创作平台、协作方式、跨界整合、数据所有权与控制、智能化、透明度与可追溯性等特点。这些特点使得 Web 3.0 创作在多个方面优于传统创作，有望引领内容创作的未来发展趋势，并为创作者提供更多的机会和可能。

第 98 问：元宇宙和 Web 3.0 中有哪些投资机遇?

元宇宙（Metaverse）和 Web 3.0 作为互联网领域的新兴趋势，为投资者带来了许多投资机会[㊀]。以下是一些值得关注的

㊀ 以下介绍只代表笔者观点，仅作参考。投资有风险，须谨慎。

方向。

- 加密货币和区块链：Web 3.0 的基础设施主要基于区块链技术，加密货币也是其重要组成部分。投资比特币、以太坊等主流加密货币和新兴的区块链项目，可能为投资者带来收益。
- 去中心化金融（DeFi）：DeFi 是基于区块链技术的金融应用，旨在构建一个更加开放、透明和去中心化的金融体系。
- 非同质化代币（NFT）：NFT 是一种特殊的加密资产，具有独特性和稀缺性，常用于表示数字艺术、收藏品、虚拟土地等。投资 NFT 和相关市场、平台，如 OpenSea、Rarible 等，有潜在的投资价值。
- 元宇宙项目：随着元宇宙概念的兴起，许多元宇宙项目正在快速发展。投资这些项目，如 Decentraland、The Sandbox 等，有可能实现长期增值。
- 去中心化自治组织（DAO）：DAO 是一种基于区块链技术的新型组织形式。投资具有发展潜力的 DAO 项目，如 Yearn. Finance、Moloch DAO 等，可能为投资者带来收益。
- Web 3.0 基础设施：投资 Web 3.0 领域的基础设施项目，如分布式存储、去中心化身份认证等，有可能为投资者带来长期收益。
- 游戏和娱乐：元宇宙和 Web 3.0 为游戏与娱乐领域带来了新的机遇。投资与元宇宙、Web 3.0 相关的游戏、娱乐项目，如 Axie Infinity、CryptoKitties 等，有望获得收益。
- 社交平台：基于 Web 3.0 的去中心化社交平台正在兴起。

投资这些社交平台，如 Minds、Steemit 等，可能为投资者带来潜在回报。

- 跨链技术：跨链技术是实现不同区块链网络互操作的关键。投资跨链技术项目，如 Cosmos、Polkadot 等，有可能为投资者带来长期收益。
- 虚拟现实（VR）和增强现实（AR）：元宇宙的发展与 VR 和 AR 技术密切相关。投资 VR 和 AR 硬件、软件与相关技术的公司，如 Oculus、Magic Leap 等，有望获得投资回报。
- 人工智能（AI）和机器学习（ML）：AI 和 ML 技术在元宇宙与 Web 3.0 领域发挥着关键作用。投资与 AI 和 ML 相关的公司和项目，如 OpenAI、DeepMind 等，可能为投资者带来长期增值。
- 内容创作和版权管理：随着元宇宙和 Web 3.0 的发展，内容创作和版权管理变得越来越重要。投资与内容创作、版权管理相关的平台和技术，如 Audius、Po. et 等，有潜在的投资价值。

在投资元宇宙和 Web 3.0 相关项目时，投资者需充分了解项目的基本面、发展前景、市场竞争力等因素，并注意投资风险。同时，建议投资者根据自身的风险承受能力、投资目标和时间跨度，制定合适的投资策略。

第 99 问：Web 3.0 是绝对安全的吗？

Web 3.0 作为互联网发展的下一阶段，提供了更高级别的互联性、智能化和开放性。虽然它在很多方面都比 Web 2.0 更安全，但任何技术都不能保证绝对的安全。Web 3.0 也面临着许多新的挑战和安全问题。

首先，Web 3.0 的一个主要特征是去中心化。这意味着数据不再存储在单一的服务器上，而是分布在整个网络中。这降低了整个系统被单一攻击瘫痪的风险。然而，去中心化也带来了新的挑战。例如，区块链技术，是 Web 3.0 的重要组成部分，但它也面临着 51%攻击、双花攻击等安全问题。

其次，Web 3.0 的智能化也带来了新的安全问题。例如，智能合约是 Web 3.0 中的一种新技术，它可以自动执行合约的条款。然而，智能合约的编写错误或者漏洞可能被恶意利用，导致严重的安全问题。2016 年，一个名为 DAO 的智能合约就因为一个漏洞被攻击，导致了大量的损失。

最后，Web 3.0 的开放性也带来了新的挑战。Web 3.0 鼓励数据的开放和共享，这可以提高数据的价值和应用。然而，数据的开放和共享也可能导致隐私的泄露。虽然区块链技术提供了一定的匿名性，但在某些情况下，人们的交易和行为仍然可能被追踪。

因此，尽管 Web 3.0 在许多方面都比 Web 2.0 更安全，但它并不是绝对安全的。用户可以采取一些措施来保护自己在 Web 3.0 中的安全。

首先，了解和学习新的技术和工具。Web 3.0 带来了许多新的技术和工具，如区块链、智能合约、IPFS（星际文件系统）等。了解和学习这些技术和工具，可以帮助用户更好地理解它们的工作原理，以及可能存在的风险。其次，保护好自己的私钥。在 Web 3.0 中，私钥是保护用户资产和身份的重要工具。私钥的丢失或泄露可能造成严重的损失。因此，用户需要采取措施保护好自己的私钥，比如使用硬件钱包、避免在不安全的环境下输入私钥等。再次，谨慎处理个人信息。虽然 Web 3.0 鼓励数据的开放和共享，但用户仍然需要谨慎处理自己的个人信息，避免在不必要的情况下公开个人信息，特别是与财务相关的信息。最后，使用安全的服务和应用。Web 3.0 产生了许多新的服务和应用，但它们的安全性可能会有所不同。用户应该尽量选择那些经过安全审计、有良好信誉的服务和应用。

总的来说，虽然 Web 3.0 在很多方面都提供了更高的安全性，但它并不是绝对安全的。用户需要了解新的技术和工具，保护好自己的私钥和个人信息，以及选择安全的服务和应用，来保护自己在 Web 3.0 中的安全。

第 100 问：国内外有哪些公司在发展 Web 3.0?

1. Crypto.com

Crypto.com 自称拥有世界上增长最快的数字交易应用，拥有超过 5000 万用户。该交易所总部位于新加坡，以 Cronos 作为其官方加密货币销售 250 多种加密货币，已开发出了各式各样的 Web 3.0 产品，例如，Time-Weighted Average Price（TWAP）交易机器人，可实现 50 个现货自动进行大宗交易。

2. Braintrust

Braintrust 是一个去中心化的 Web 3.0 人才信息网络，提供了一个使世界优秀公司与高端技术人才对接的优质平台。其在世界各地已拥有超过 700000 名社区成员，该平台目前已与美国航空航天局（NASA）、沃尔玛、雀巢等组织合作。

3. Ripple

Ripple 是一家加密解决方案提供商，提供更具成本效益、透明和更快的突破性解决方案。在跨境支付、中央银行数字货币流通方面提供技术支持。目前已与 Modulr 等货币支付商达成合作。

4. Chainalysis

Chainalysis 是一家总部位于美国纽约的区块链分析公司，为 70 多个国家/地区的证券交易所、政府机构以及网络安全和保险公司提供数据平台。其销售的产品有区块链分析软件。

5. Chainlink Labs

Chainlink Labs 提供区块链的 Oracle 解决方案，通过连接到链下数据源和计算来增强混合智能合约。产品包括 Web API、资产价格支付系统和物联网设备等。

6. Decentology

Decentology 是一家总部位于美国加利福尼亚州的公司，专注于创建用于市场的智能合约。该公司也是 HyperVerse 的开发商，HyperVerse 是一个开放、安全的区块链代码市场。

7. Neo

Neo 是一个非常有名的区块链项目，也被誉为“中国以太坊”。Neo 致力于建立一个去中心化的数字资产生态系统，实现“智能经济”的愿景。